西紀二〇一〇年
大韓民國九二年
檀紀四三四三年

松亭 金赫濟 原著
金東求 編製

松亭曆法研究所
大韓民曆編製

庚寅年大韓民曆

附錄

大韓民國略史
婚姻運
生氣福德表
陽宅·陰宅大要
年神方位圖

農家行事表
家庭儀禮書式
移徙方位表
年齡對照表
男女宮合法

일요일 및 법정 공휴일(양력)

월별	일 요 일	법정 공휴일
1월	3, 10, 17, 24, 31	1
2월	7, 14, 21, 28	13, 14, 15
3월	7, 14, 21, 28	1
4월	4, 11, 18, 25	
5월	2, 9, 16, 23, 30	5, 21
6월	6, 13, 20, 27	6
7월	4, 11, 18, 25	
8월	1, 8, 15, 22, 29	15
9월	5, 12, 19, 26	21, 22, 23
10월	3, 10, 17, 24, 31	3
11월	7, 14, 21, 28	
12월	5, 12, 19, 26	25

明文堂

西紀二〇一〇年 檀紀四三四三年

太歲庚寅年大韓民曆

陽曆 平三百六十五日
陰曆 平三百五十四日

● 每月 土曜日은 家庭의 날
● 每月 十五日은 民防衛의 날

○ 慶祝日

新正日	一月 一日	(前十一月十七日)
설날	二月 十四日	(正月初一日)
三一節	三月 一日	(正月十六日)
어린이날	五月 五日	(三月廿二日)
釋迦誕日	五月二十一日	(四月初八日)
顯忠日	六月 六日	(四月廿四日)
光復節	八月 十五日	(七月初六日)
秋夕	九月二十二日	(八月十五日)
開天節	十月 三日	(八月廿六日)
기독탄신일	十二月二十五日	(十一月二十日)

○ 記念日

납세자의 날	三月 三日	(正月十八日)
상공의 날	三月 十七日	(二月初二日)
물의 날	三月二十二日	(二月初七日)
기상의 날	三月二十三日	(二月初八日)
향토예비군의 날	四月 二日	(二月十八日)
식목일	四月 五日	(二月廿一日)
보건의 날	四月 七日	(二月廿三日)
임시정부수립기념일	四月 十三日	(二月廿九日)
四·一九革命기념일	四月 十九日	(三月初六日)
장애인의 날	四月 二十日	(三月初七日)
과학의 날	四月二十一日	(三月初八日)
정보통신의 날	四月二十二日	(三月初九日)
법의 날	四月二十五日	(三月十二日)
충무공탄신일	四月二十八日	(三月十五日)
근로자의 날	五月 一日	(三月十八日)
어버이날	五月 八日	(三月廿五日)
입양의 날	五月 十一日	(三月廿八日)
스승의 날	五月 十五日	(四月初二日)
성년의 날	五月 十七日	(四月初四日)
五·一八민주화운동기념일	五月 十八日	(四月初五日)
발명의 날	五月 十九日	(四月初六日)
부부의 날	五月二十一日	(四月初八日)
방재의 날	五月二十五日	(四月十二日)
바다의 날	五月三十一日	(四月十八日)
환경의 날	六月 五日	(四月廿三日)
六·二五事變日	六月二十五日	(五月十四日)
제헌절	七月 十七日	(六月初六日)
사회복지의 날	九月 七日	(七月廿九日)
철도의 날	九月 十八日	(八月十一日)
국군의 날	十月 一日	(八月廿四日)
노인의 날	十月 二日	(八月廿五日)
재향군인의 날	十月 八日	(九月初一日)
한글날	十月 九日	(九月初二日)
체육의 날	十月 十五日	(九月初八日)
문화의 날	十月 十六日	(九月初九日)
경찰의 날	十月二十一日	(九月十四日)
국제연합일	十月二十四日	(九月十七日)
저축의 날	十月二十六日	(九月十九日)
교정의 날	十月二十八日	(九月廿一日)
학생의 날	十一月 三日	(九月廿七日)
소방의 날	十一月 九日	(十月初四日)
농업인의 날	十一月十一日	(十月初六日)
순국선열의 날	十一月十七日	(十月十二日)
무역의 날	十一月三十日	(十月廿五日)
소비자의 날	十二月 三日	(十月廿八日)
국민교육헌장선포기념일	十二月 五日	(十月三十日)
세계인권선언일	十二月 十日	(十一月初五日)

○ 歲時風俗日 및 雜節

土王用事	一月 十七日	(十二月初三日)
臘享	一月二十一日	(十二月初七日)
除夕	二月 十三日	(十二月三十日)
元宵節	二月二十八日	(正月十五日)
春社	三月 十九日	(二月初四日)
寒食	四月 六日	(二月廿二日)
三辰日	四月 十六日	(三月初三日)
土王用事	四月 十七日	(三月初四日)
端午節	六月 十六日	(五月初五日)
初伏	七月 十九日	(六月初八日)
土王用事	七月 二十日	(六月初九日)
流頭日	七月二十六日	(六月十五日)
中伏	七月二十九日	(六月十八日)
末伏	八月 八日	(六月廿八日)
七夕	八月 十六日	(七月初七日)
百中日	八月二十四日	(七月十五日)
秋社	九月二十五日	(八月十八日)
重陽節	十月 十六日	(九月初九日)
土王用事	十月 二十日	(九月十三日)
臘享	一月 十六日	(十二月十三日)
土王用事	一月 十七日	(十二月十四日)
李栗谷誕日	二月 九日	(十二月廿六日)
復活主日	四月 四日	(二月二十日)
孔子誕日	九月二十八日	(八月廿七日)
李退溪誕日	十二月三十日	(十一月廿五日)

日蝕·月蝕

金環日蝕 = 一月 十五日
一月 十五日 午後 二時 十七·六分부터
一月 十五日 午後 五時 五五·四分까지
(우리나라에서는 관측할 수 있다)

部分月蝕 = 六月 二十六日
六月 二十六日 午後 七時 一六·五分부터
六月 二十六日 午後 十時 〇·三分까지
(우리나라에서는 부분적으로 관측할 수 있다)

皆旣日蝕 = 七月 十二日
七月 十二日 午前 三時 十六·八分부터
七月 十二日 午後 五時 五〇·〇分까지
(우리나라에서는 관측할 수 없다)

皆旣月蝕 = 十二月 二十一日
十二月 二十一日 午後 四時 四〇·四分부터
十二月 二十一日 午後 五時 五三·六分까지
(우리나라에서는 부분적으로 관측할 수 있다)

十二支時間表

一支는 二時間, 初와 正은 一時間, 一時間은 四刻, 一刻은 十五分(分은 現在時間의 分과 同一)

子	丑	寅	卯	辰	巳	午	未	申	酉	戌	亥
初—午後十一時	初—午前一時	初—午前三時	初—午前五時	初—午前七時	初—午前九時	初—午前十一時	初—午後一時	初—午後三時	初—午後五時	初—午後七時	初—午後九時
正—午前零時	正—午前二時	正—午前四時	正—午前六時	正—午前八時	正—午前十時	正—午後零時	正—午後二時	正—午後四時	正—午後六時	正—午後八時	正—午後十時

이 민력은 한국천문연구원이 발표한 월력요항(月曆要項)에 의거 편찬한 것입니다.

陰曆太歲庚寅年月表及節候表

西曆紀元二〇一〇年
檀君紀元四三四三年
大韓民國 九十二年

月建	月及月之大小	月白	朔日
戊寅	正月大	二黑	乙未
己卯	二月小	一白	乙丑
庚辰	三月大	九紫	甲午
辛巳	四月小	八白	甲子
壬午	五月大	七赤	癸巳
癸未	六月小	六白	癸亥
甲申	七月小	五黃	壬辰
乙酉	八月大	四綠	辛酉
丙戌	九月小	三碧	辛卯
丁亥	十月大	二黑	庚申
戊子	十一月小	一白	庚寅
己丑	十二月大	九紫	己未

節氣		入節 日	入節 干支	入節 時刻	入節 陽曆
雨水	正月中	初六日	庚子	午前三時三十六分	二月十九日
春分	二月中	初六日	庚午	午前二時三十二分	三月二十一日
穀雨	三月中	初七日	庚子	午後一時 三十分	四月二十日
小滿	四月中	初八日	辛未	午後零時三十四分	五月二十一日
夏至	五月中	初十日	壬寅	午後八時二十八分	六月二十一日
大暑	六月中	十二日	甲戌	午前七時二十一分	七月二十三日
處暑	七月中	十四日	乙巳	午後二時二十七分	八月二十三日
白露	八月節	初一日	辛酉	午前二時四十五分	九月八日
寒露	九月節	初一日	辛卯	午後六時二十六分	十月八日
立冬	十月節	初二日	辛酉	午後九時四十二分	十一月七日
大雪	十一月節	初二日	辛卯	午後二時三十八分	十二月七日
小寒	十二月節	初三日	辛酉	午前一時五十五分	一月六日

節氣		入節 日	入節 干支	入節 時刻	入節 陽曆
驚蟄	二月節	廿一日	乙卯	午前一時四十六分	三月六日
清明	三月節	廿一日	乙酉	午前六時 三十分	四月五日
立夏	四月節	廿二日	乙卯	午後十一時四十四分	五月五日
芒種	五月節	廿四日	丁亥	午前三時四十九分	六月六日
小暑	六月節	廿六日	戊午	午後二時 二分	七月七日
立秋	七月節	廿七日	己丑	午後十一時四十九分	八月七日
秋分	八月中	十六日	丙子	午後零時 九分	九月二十三日
霜降	九月中	十六日	丙午	午後九時三十五分	十月二十三日
小雪	十月中	十七日	丙子	午後七時 十四分	十一月二十二日
冬至	十一月中	十七日	丙午	午前八時三十八分	十二月二十二日
大寒	十二月中	十七日	乙亥	午後七時 十八分	一月二十日

七日得辛 七牛耕田
十龍治水 十二馬佗負

黑	赤	紫
白	碧	黃
白	白	綠

陽遁上元 十二月大

新正日

一月大 三十一日

舊曆 自·前年十一月十七日 至 十二月十七日

陽曆	曜日	日出 午前	日入 午後	月出	月入	陰曆	干支	納音五行	二十八宿	二十神	九星	移徙周堂	婚姻周堂	行事宜日및不宜日	潮滿
一日	金	○望午前四時十三分				十七日	辛亥	金	亢	閉	四綠	安	夫	宜蓋屋祈福療養閉門塞路閉鎖 ·忌 遠行 移徙 婚姻 納人 上章 宴會 入山 入水 手術 安葬	卯酉
二日	土	七時四十七分	五時二十五分	午後七時十五分	午前八時五十分	十八日	壬子	木	氐	建	三碧	利	姑	宜祈福出行移徙約婚式民願提出問安宴會大淸掃立券交易	卯酉
三日	㊐	七時四十七分	五時二十六分	八時三十一分	九時三十分	十九日	癸丑	木	房	除	二黑	天	堂	宜佛供出行移徙約婚式結婚式基地建屋動土上樑巳時 裁衣 播種	辰戌
四日	月	七時四十七分	五時二十七分	九時四十五分	十時四分	二十日	甲寅	水	心	滿	一白	害	翁	宜佛供出行約婚式結婚式上章入學納人宴會起造立券開業 播種	辰戌
五日	火	七時四十七分	五時二十七分	十時五十五分	十時三十五分	廿一日	乙卯	水	尾	滿	九紫	殺	第	小寒 舊十二月節 宜 祭祀 祈福 出行收金上章入學上樑午時 立券	辰戌
六日	水	七時四十七分	五時二十八分		十一時三分	廿二日	丙辰	土	箕	平	八白	富	竈	諸事不宜 吉神 天聾 日 凶神 河魁 天隔 氷消瓦解 月殺 月虛 伏斷日	巳亥
七日	木	◑下弦午後七時三十九分				廿三日	丁巳	土	斗	定	七赤	師	婦	宜祭祀移徙約婚式約定宴會 ·忌 遠行 結婚式 動土 建屋 入水 行船 登山 安葬	巳亥
八日	金	七時四十七分	五時三十分	午前一時十一分	午後○時三分	廿四日	戊午	火	牛	執	六白	災	廚	宜上章收金造醬沐浴播種 ·忌 告祀 遠行 移徙 結婚式 動土 建屋 宴會 安葬	巳亥
九日	土	七時四十七分	五時三十一分	二時十七分	○時三十六分	廿五日	己未	火	女	破	五黃	安	夫	宜破屋壞垣破碎手術 ·忌(月破日) 祈福 出行 移徙 約婚式 結婚式 會合 宴會 造成 服藥 動土 建築 閉業 安葬	午子
十日	㊐	七時四十七分	五時三十二分	三時二十一分	一時十四分	廿六日	庚申	木	虛	危	四綠	利	姑	宜移徙告祀入學閉業伐木 ·忌 遠行 結婚式 針灸 入水 行船 登山 手術 動土	未丑
十一日	月	七時四十七分	五時三十三分	四時二十三分	一時五十七分	廿七日	辛酉	木	危	成	三碧	天	堂	宜祭祀上章入學立券交易裁衣捕魚殺蟲劑撒布 ·忌 婚姻 訴訟 宴會 造醬	未丑
十二日	火	七時四十七分	五時三十四分	五時二十一分	二時四十六分	廿八日	壬戌	水	室	收	二黑	害	翁	宜祈福收金上章入學求醫療病 ·忌 遠行 移徙 結婚式 納犬 築堤防 建屋	未丑
十三日	水	七時四十七分	五時三十五分	六時十三分	三時四十分	廿九日	癸亥	水	壁	開	一白	殺	第	諸事不宜 吉神 黃道 驛馬 青龍 時陽 益後 天后 陰德 旺日 凶神 天賊 天狗 地火 月厭 陰差 重日 伏斷日	申寅
十四日	木	七時四十六分	五時三十六分	六時五十八分	四時三十七分	三十日	甲子	金	奎	閉	一白	富	竈	宜祭祀 祈福 造醬裁衣伐木播種閉門塞路 ·忌 遠行 移徙 結婚 行船 手術 開業	申寅
十五日	金	●合朔午後四時十一分				初一日	乙丑	金	婁	建	二黑	安	夫	宜祭祀約婚式宴會請願問安上章裁衣播種 ·忌 出行 移徙 結婚 動土 建屋 入水	酉卯
十六日	土	七時四十六分	五時三十八分	八時十一分	六時三十五分	初二日	丙寅	火	胃	除	三碧	利	姑	宜佛供出行移徙入宅約婚式結婚式入學會合療養起造開業 裁衣	酉卯

小寒 午後八時九分

舊十二月節

日出午前七時四十七分 晝 九時間四十分

日入午後五時二十七分 夜十四時間二十分

평균기온

- 서울—영하四度九分
- 전주—영하一度七分
- 포항—○度六分
- 목포—一度○分
- 강릉—영하一度○分
- 대구—영하一度六分
- 부산—一度八分
- 제주—四度八分

十七日	ⓐ日	七時四十五分	五時三十九分	八時四十分	七時三十四分	初三日	丁卯	火	昴	滿	四綠	天	堂	宜祭祀出行約婚式上章入學請託會合納人基地上樑(時未)造醬裁衣	酉卯
十八日	月	七時四十五分	五時四十分	九時六分	八時三十一分	初四日	戊辰	木	畢	平	五黃	害	翁	吉神 天恩 天聾 凶神 河魁 天隔 月殺 月虛 復日 招搖 氷消瓦解	戌辰
十九日	火	七時四十五分	五時四十一分	九時三十分	九時二十八分	初五日	己巳	木	觜	定	六白	殺	第	宜入學造醬裁衣沐浴斷乳播種 •忌 祈福 遠行 移徙 結婚式 宴會 訴訟 建築 修屋 開業 安葬	戌辰
二十日	水	七時四十四分	五時四十二分	九時五十三分	十時二十六分	初六日	庚午	土	參	執	七赤	富	竈	大寒 舊十二月中 宜佛供出行移徙起造上樑(時午)造醬	戌辰

大寒 午後一時二十八分 舊十二月中

日出午前七時四十四分 晝 九時間五十八分

日入午後五時四十二分 夜十四時間二分

二十一日	木	七時四十四分	五時四十三分	十時十七分	十一時二十四分	初七日	辛未	土	井	破	八白	師	婦	宜破屋壞垣破碎手術 •忌 祈福 遠行 移徙 約婚式 結婚式 宴會 會合 造成 請託 納人 服藥 造醬 行船	亥巳
二十二日	金	七時四十三分	五時四十四分	十時四十三分		初八日	壬申	金	鬼	危	九紫	災	廚	宜幼兒斷乳斷絶作厠修厠 이날은 母倉 大明 黃道 등 吉神이 들었으나 但 伏斷日이 되어 上記 外 行事 不利	亥巳
二十三日	土	◐上弦午後七時五十三分				初九日	癸酉	金	柳	成	一白	安	夫	宜祭祀會合請託造成收金捕魚殺蟲劑撒布 이날은 受死日이 되어 上記 外 行事는 不利	亥巳
二十四日	ⓐ日	七時四十二分	五時四十七分	十一時四十六分	午前一時二十八分	初十日	甲戌	火	星	收	二黑	利	姑	宜祭祀(佛供)移徙入宅約婚式結婚式收金入學立券交易裁衣伐木	子午
二十五日	月	七時四十一分	五時四十八分	午後○時二十六分	二時三十四分	十一日	乙亥	火	張	開	三碧	天	堂	吉神 天月德合 黃道 驛馬 陰德 旺日 天聾 時陽 益後 天后 大空亡日 凶神 天賊 天狗 水鳴日 地火 月厭 重日	丑未
二十六日	火	七時四十一分	五時四十九分	一時十七分	三時四十一分	十二日	丙子	水	翼	閉	四綠	害	翁	宜祈福裁衣沐浴播種閉門塞路 •忌 遠行 移徙 結婚式 宴會 上章 行船 手術 開業	丑未
二十七日	水	七時四十分	五時五十分	二時十七分	四時四十六分	十三日	丁丑	水	軫	建	五黃	殺	第	宜祭祀問安敬老行事大淸掃立券交易裁衣沐浴播種	丑未
二十八日	木	七時三十九分	五時五十一分	三時二十七分	五時四十五分	十四日	戊寅	土	角	除	六白	富	竈	宜佛供出行約婚式結婚式宴會請願播種 •忌 祭祀 告祀 建屋 修屋 安葬	寅申
二十九日	金	七時三十九分	五時五十二分	四時四十四分	六時三十七分	十五日	己卯	土	亢	滿	七赤	師	婦	宜祭祀出行移徙會合請願上章納人開業裁衣播種	寅申
三十日	土	○望午後三時十八分				十六日	庚辰	金	氐	平	八白	災	廚	宜祭祀祈願請託立券交易 •忌 遠行 移徙 入宅 結婚式 求職 就任 納人 針灸 手術 動土 建屋 修屋	卯酉
三十一日	ⓐ日	七時三十七分	五時五十四分	七時十九分	七時五十八分	十七日	辛巳	金	房	定	九紫	安	夫	宜幼兒斷乳斷絶作厠修厠 이날은 黃道 天恩 月恩 地啞 등의 吉神이 들었으나 但 伏斷日로 上記 外 行事는 不利	卯酉

농사메모

• **벼농사**=①금년 영농계획 수립。 ②모랫논과 자갈논에 산흙을 객토。 ③새마을 영농교육에 참가 • **밭농사**=①보리밭에 왕겨 혹은 짚·두엄 등을 덮어 동해(凍害) 방지。 ②밭농사에 해당되는 종자(양호품) 확보。 • **경제작물**=①온상육묘에 필요한 종자 및 자재 준비。 ②과수나무 가지치기。 ③비닐하우스내 채소 수확。 • **축산**=①소·돼지 등 축사 손질。 ②젖소 및 한우의 피부 손질。 ③새끼내기용 암퇘지의 사료배합에 유의。 • **잠업**=①봄·가을누에치기에 소요될 기구 제조。 ②영농교육 참가。

이달의 主要略史

• 一日=西紀公用(一九六二) • 四日=中·高生 교복과 머리를 자율화하기로 결정(一九八二) • 五日=야간통행금지 전면 해제(一九八二) • 七日=초등학교 의무교육 실시(一九四八) • 八日=이봉창의사 日皇저격(一九三二) • 十日=충북선 철도 개통(一九五九) • 十一日=호남선 철도 개통(一九一四) • 十三日=제1차 경제개발5개년계획 발표(一九六二) • 十五日=국방경비대 창설(一九四六) • 제2한강교 개통(一九六五) • 十六=영월선 개통(一九五六) • 二十一日=북한 무장공비 三十一명 서울 침투, 김신조 생포(一九六八) • 二十二日=金相玉의사 의거(一九二三) • 二十三日=美정보함 프에블로호 원산 앞바다 공해상에서 北에 피랍(一九六八) • 二十四日=全州에서 동계유니버시아대회 개최(一九九七) • 三十一日=동해고속도로 개통(一九七九)

二月平 二十八日

舊曆 自·前年十二月十八日 至·新年 正月十五日

白	白	白
紫	黑	綠
黃	赤	碧

설연휴·除夕 (十三日) / 설날 正月大 (十四日) / 설연휴 (十五日)

立春 午前七時四十八分 舊正月節

日出午前七時三十四分 晝 十時間二十五分
日入午後五時五十九分 夜十三時間三十五分

陽曆	曜日	日出 午前	日入 午後	月出	月入	陰曆	干支	納音五行	二十八宿	二十神	九星	移徙周堂	婚姻周堂	行事宜日 및 不宜日	潮滿
一日	月	七時三十六分	五時五十五分	午後八時三十三分	午前八時三十二分	十八日	壬午	木	心	執	一白	利	姑	宜祭祀告祀 出行移徙約婚式問安敬老行事上章造醬伐木	卯酉
二日	火	七時三十五分	五時五十七分	九時四十六分	九時二分	十九日	癸未	木	尾	破	二黑	天	堂	宜破屋壞垣破碎 ·忌 祈福 出行 移徙 約婚式 結婚式 上章 請託 服藥 訴訟 造成 契約 建築 및 修理	辰戌
三日	水	七時三十四分	五時五十八分	十時五十六分	九時三十二分	二十日	甲申	水	箕	危	三碧	害	翁	宜祭祀入學約婚式結婚式宴會請願立券交易裁衣播種	辰戌
四日	木	七時三十四分	五時五十九分		十時三分	廿一日	乙酉	水	斗	危	四綠	殺	第	立春舊正月節 宜祭祀裁衣 ·忌 遠行 移徙 結婚式 訴訟 入水 行船 登攀 宴會	辰戌
五日	金	七時三十三分	六時○分	午前○時五分	十時三十七分	廿二日	丙戌	土	牛	成	五黃	富	竈	宜祭祀上章造成約定開業裁衣狩獵殺蟲劑撒布 受死日이라 그 外는 不利	巳亥
六日	土	◑下弦午前八時四十八分				廿三日	丁亥	土	女	收	六白	師	婦	吉 母倉 大明 五富 神 六合 聖心日 凶 月忌日 黑道 河魁 山鳴 神 地破 土禁 重日 水鳴日	巳亥
七日	㊐	七時三十一分	六時二分	二時十六分	十一時五十五分	廿四日	戊子	火	虛	開	七赤	災	廚	宜幼兒斷乳作厠修厠斷絕 이날은 伏斷日에 해당하므로 上記 以外의 有利한 行事가 없음	巳亥
八日	月	七時三十分	六時三分	三時十六分	午後○時四十三分	廿五日	己丑	火	危	閉	八白	安	夫	宜祭祀祈福 服藥治病裁衣沐浴播種閉門塞路 ·忌 遠行 移徙 結婚 宴會 手術 開放	午子
九日	火	七時二十九分	六時四分	四時十分	一時三十五分	廿六日	庚寅	木	室	建	九紫	利	姑	宜幼兒斷乳斷絕 吉 五合 小時 旺日 神 兵福 要安日 凶 往亡 天隔 復日 神 山鳴日 土忌 伏斷日	未丑
十日	水	七時二十八分	六時五分	四時五十七分	二時三十一分	廿七日	辛卯	木	壁	除	一白	天	堂	宜祭祀祈福 出行移徙約婚式上章會合入學行船立券交易播種	未丑
十一日	木	七時二十七分	六時六分	五時三十八分	三時二十九分	廿八日	壬辰	水	奎	滿	二黑	害	翁	吉 黃道 大明 金堂 六儀 神 守日 天巫 大空亡日 凶 天賊 土瘟 地隔 厭對 九空 神 九坎 招搖 枯焦 地鳴日	未丑
十二日	金	七時二十六分	六時八分	六時十三分	四時二十八分	廿九日	癸巳	水	婁	平	三碧	殺	第	宜入學服藥納人定礎立券交易裁衣播種 ·忌 遠行 移徙 結婚 訴訟 建屋 安葬	申寅
十三日	土	七時二十四分	六時九分	六時四十三分	五時二十七分	三十日	甲午	金	胃	定	四綠	富	竈	·이날은 설名節 前日 休日이므로 行事에 대한 宜忌를 생략함	申寅
十四日	㊐	●合朔午前十一時五十一分				初一日	乙未	金	昴	執	五黃	安	夫	·이날은 설名節 休日이므로 行事에 대한 宜忌를 생략함	酉卯
十五日	月	七時二十二分	六時十一分	七時三十五分	七時二十二分	初二日	丙申	火	畢	破	六白	利	姑	吉 月德 天恩 四相 天聾 神 解神 普護 天后 驛馬 凶 月破日 神 山鳴日	酉卯
十六日	火	七時二十一分	六時十二分	七時五十九分	八時二十分	初三日	丁酉	火	觜	危	七赤	天	堂	宜祭祀上章服藥問安請託 ·忌 遠行 移徙 約婚式 結婚式 行船 會親友 手術 入山 登攀 採血	酉卯

평균기온
• 서울 영하一度九分
• 전주 ○度二分
• 포항 二度二分
• 목포 二度一分
• 강릉 ○度三分
• 대구 ○度六分
• 부산 三度五分
• 제주 五度二分

元宵節

十七日	水	七時二十分	六時十三分	八時二十二分	九時十八分	初四日	戊戌	木	参	成	八白	害	翁	宜上章造成會合狩獵殺蟲劑撒布 이날은 受死日이 되어 上記 以外의 行事는 모두 不宜함	戌辰
十八日	木	七時十九分	六時十四分	八時四十七分	十一時十七分	初五日	己亥	木	井	收	九紫	殺	第	宜入學收金搬出品回收 ·忌 祈福 遠行 移徙 約婚式 結婚式 安葬 宴會 行船 就任 動土 建屋 修屋	戌辰
十九日	金	七時十七分	六時十五分	九時十五分	十一時十九分	初六日	庚子	土	鬼	開	一白	富	竈	雨水 舊正月中 宜祈福立券裁衣播種閉門塞路	戌辰

雨水 午前三時三十六分 舊正月中

日出午前七時十七分 晝 十時間五十八分

日入午後六時十五分 夜十三時間二分

二十日	土	七時十六分	六時十六分	九時四十六分		初七日	辛丑	土	柳	閉	二黑	師	婦	宜服藥裁衣播種閉鎖閉門塞路 ·忌 遠行 移徙 結婚式 開放 納人 手術 採血 造醬 行船	亥巳
二十一日	㊐	七時十五分	六時十七分	十時二十三分	午前○時二十二分	初八日	壬寅	金	星	建	三碧	災	廚	宜約婚式結婚式治病會合入學裁衣播種 ·忌 祭祀 出行 移徙 告祀 動土 登山	亥巳
二十二日	月	◐上弦午前九時四十二分				初九日	癸卯	金	張	除	四綠	安	夫	宜佛供出行移徙約婚式求財民願提出入學上樑午時立券交易播種	亥巳
二十三日	火	七時十二分	六時十九分	午後○時二分	二時三十分	初十日	甲辰	火	翼	滿	五黃	利	姑	吉神 黃道 金堂 天貴 大明 六儀 天巫 守日 凶神 天賊 土瘟 地隔 厭對 重喪 九空 九坎 枯焦 招搖 復日	子午
二十四日	水	七時十一分	六時二十分	一時五分	三時三十分	十一日	乙巳	火	軫	平	六白	天	堂	宜祭祀移徙約婚式結婚式請願入學 ·忌 出行 入水 行船 安葬	丑未
二十五日	木	七時十分	六時二十一分	二時十六分	四時二十三分	十二日	丙午	水	角	定	七赤	害	翁	宜幼兒斷乳作厠修厠 ·忌(伏斷日) 遠行 祈福 移徙 約婚 結婚式 訴訟 請託 會議 動土 建屋 開業	丑未
二十六日	金	七時八分	六時二十二分	三時三十二分	五時十分	十三日	丁未	水	亢	執	八白	殺	第	宜祭祀供佛出行約婚式問安請願動土建屋上樑申時立券交易木伐	丑未
二十七日	土	七時七分	六時二十三分	四時四十八分	五時五十分	十四日	戊申	土	氐	破	九紫	富	竈	諸事不宜 吉神 解神 普護 天后 驛馬 凶神 月破日 月忌日	申寅
二十八日	㊐	七時六分	六時二十四分	六時四分	六時二十五分	十五日	己酉	土	房	危	一白	師	婦	宜祭祀上章造醬請託 ·忌 遠行 移徙 結婚式 手術 入水 行船 登山 宴會	申寅

농사 메모

●**벼농사**=①월동해충을 박멸키 위하여 논둑 및 제방의 잡초를 불태움。②농한기를 이용하여 사질답에 객토。●**밭농사**=①제2차 보리밟기。②눈이 녹기 시작하면 논보리 배수작업을 하여 습해의 우려를 방지。③고구마·감자·옥수수 등 우량품종으로 준비 확보。●**경제작물**=①채소류 조숙재배를 위해 온상을 설치하고 씨앗을 뿌림。②토마토 하우스 재배는「생장 조절제」를 살포。③포도·감나무 등 과수의 껍질을 깎아주고 낙엽을 소각。④사과 등에 씌울 봉지를 준비。**축산**=①임신 돼지의 분만 준비。②병아리 깨기 시작 및 병아리 기르는 기구 준비。③벌통의 저밀량 조사。●**잠업**=①뽕나무 가지 정리。②잠실을 설치할 설계와 자재준비 재검토。③뽕나무에 줄 금비 확보。

이달의 主要略史

●一日=政府 新 職制令 公布(一九五五) ●三日=韓·美원자력협정 조인(一九五六)·蔚山공업센터 기공(一九六二) ●四日=科學技術研究所 發足(一九六六) ●八日=韓·美經濟協定 조인(一九六一) ●十一日=居昌良民학살사건(一九五一) ●十二日=유신헌법 찬반 국민 투표(一九七五)·제十二대 국회의원 총선거(一九八五) ●十五日=제1차 貨幣改革(一九五三)·趙炳玉박사 서거(一九六〇) ●十六日=KAL기 납북(一九五八) ●二十日=구정을 〈민속의 날〉로 정하여 공휴일로 함(一九八五) ●二十三日=〈韓國美術五千年展〉日 도쿄에서 개막(一九七六) ●二十五日=北韓軍조종사 李雄平上尉、미그十九機 몰고 휴전선 넘어 귀순(一九八三) ●二十六日=한국 테니스팀이 스포츠 사상 최초로 중국에 입국(一九八四) ●二十七日=율곡 이이 사망(一五八四)·政府、獨島領有權 성명(一九五三) ●二十九日=女子탁구、西獨 오픈 개인단식전에서 중국 꺾고 우승(一九七六)

三一節

納稅者의 날

紫	黃	赤
白	白	碧
綠	白	黑

陽遁中元

二月小

三月大 三十一日

舊曆 自·正月十六日 至·二月十六日

陽曆	曜日	日出 午前	日入 午後	月出	月入	陰曆	干支	納音五行	二十八宿	二十神	九星	移徙周堂	婚姻周堂	行事宜日및不宜日	滿潮
一日	月	○望午前一時三十八分				十六日	庚戌	金	心	成	二黑	災	廚	宜祭祀會合請託造成殺蟲劑撒布 ·忌 遠行 手術 納畜 結婚 行船 針灸 安葬	酉卯
二日	火	七時三分	六時二十六分	午後八時三十二分	午前七時二十九分	十七日	辛亥	金	尾	收	三碧	安	夫	宜告祀移徙入學會合請願收金求財 ·忌 遠行 約婚式 結婚式 上章 造醬 動土 建屋 行船 安葬	酉卯
三日	水	七時二分	六時二十七分	九時四十四分	八時〇分	十八日	壬子	木	箕	開	四綠	利	姑	宜出行移徙宴會請願上章開放宣傳求財納人定礎立券交易	酉卯
四日	木	七時〇分	六時二十八分	十時五十四分	八時三十三分	十九日	癸丑	木	斗	閉	五黃	天	堂	宜作厠修厠閉鎖閉門塞路 이날은 黃道 天恩 地啞의 吉神이 들었으나 伏斷日 閉日이 되어 以外는 不宜함	戌辰
五日	金	六時五十九分	六時二十九分		九時十分	二十日	甲寅	水	牛	建	六白	害	翁	宜佛供約婚式大淸掃治病入學立券交易裁衣伐木播種	戌辰
六日	土	六時五十七分	六時三十分	午前〇時二分	九時五十一分	廿一日	乙卯	水	女	建	七赤	殺	第	驚蟄 舊二月節 凶神 天火 天獄 厭對 轉殺 伏斷日 招搖 短星 重喪 復日 山鳴日	戌辰
七日	㊐	六時五十六分	六時三十一分	一時六分	十時三十八分	廿二日	丙辰	土	虛	除	八白	富	竈	宜捕魚狩獵殺蟲劑撒布 이날은 受死日이므로 上記 行事에만 效果的이고 그 外의 行事는 모두 不利함	亥巳
八日	月	◑下弦午前〇時四十二分				廿三日	丁巳	土	危	滿	九紫	師	婦	宜祭祀上章入學立券交易裁衣伐木播種 ·忌 出行 移徙 結婚式 動土 建屋 登山	亥巳
九日	火	六時五十三分	六時三十三分	二時五十三分	午後〇時二十五分	廿四日	戊午	火	室	平	一白	災	廚	宜祭祀祈福出行民願提出納人動土造醬沐浴播種 ·忌 結婚式 移徙	亥巳
十日	水	六時五十一分	六時三十四分	三時三十七分	一時二十三分	廿五日	己未	火	壁	定	二黑	安	夫	宜祭祀出行移徙入宅宴會請願納人建屋上樑巳時修屋約定	子午
十一日	木	六時五十分	六時三十五分	四時十三分	二時二十一分	廿六日	庚申	木	奎	執	三碧	利	姑	宜出行上章入學基地定礎 ·忌 結婚式 就任 訴訟 登山 針灸 手術 入水 行船	丑未
十二日	金	六時四十九分	六時三十六分	四時四十五分	三時二十分	廿七日	辛酉	木	婁	破	四綠	天	堂	百事不宜 吉神 黃道 玉宇 地啞日 凶神 天賊 月破 披麻 月厭 五虛 劒鋒 地火 復日	丑未
十三日	土	六時四十七分	六時三十七分	五時十三分	四時十八分	廿八日	壬戌	水	胃	危	五黃	害	翁	諸事不宜 吉神 六合日 凶神 月殺 月虛 四隔 鬼哭 瘟瘽殺 地鳴日 伏斷日	丑未
十四日	㊐	六時四十六分	六時三十八分	五時三十九分	五時十五分	廿九日	癸亥	水	昴	成	六白	殺	第	宜祭祀祈福出行會合造成 ·忌 移徙 入宅 約婚式 結婚式 動土 建屋 修屋 安葬	申寅
十五日	月	六時四十四分	六時三十九分	六時三分	六時十三分	三十日	甲子	金	畢	收	七赤	富	竈	宜祭祀佛供出行移徙入宅上章就任會合納人動土上樑午時開業交易收金播種	申寅
十六日	火	●合朔午前六時一分				初一日	乙丑	金	觜	開	八白	天	婦	宜出行移徙入宅約婚式結婚式上章行船服藥起造上樑午時開業播種	酉卯

驚蟄 午前一時四十六分 舊二月節

日出午前六時五十七分 晝十一時間三十三分

日入午後六時三十分 夜十二時間二十七分

평균기온

- 서울—三度六分
- 전주—五度〇分
- 포항—六度一分
- 목포—五度九分
- 강릉—四度七分
- 대구—五度七分
- 부산—七度三分
- 제주—八度〇分

기념일	日	曜	時刻				陰曆	日辰							宜忌	時
商工의 날	十七日	水	六時四十一分	六時四十一分	六時五十二分	八時十一分	初二日	丙寅	火	參	閉	九紫	利	竈	宜佛供約婚式起造造醬裁衣 •忌 祭祀 祈福 移徙 結婚式 上章 宴會 手術 開業	酉卯
	十八日	木	六時四十分	六時四十二分	七時十九分	九時十二分	初三日	丁卯	火	井	建	一白	安	第	宜祭祀出行移徙約婚式結婚式宴會請願大淸掃上樑午時開業	酉卯
	十九日	金	六時三十八分	六時四十三分	七時五十分	十時十五分	初四日	戊辰	木	鬼	除	二黑	災	翁	宜祭祀民願提出釣魚狩獵殺蟲劑撒布 •忌 遠行 移徙 結婚式 入水 行船 登山	戌辰
春社	二十日	土	六時三十七分	六時四十三分	八時二十五分	十一時十九分	初五日	己巳	木	柳	滿	三碧	師	堂	宜告祀宴會入學開業納財裁衣伐木播種 •忌 出行 移徙 結婚 動土 登山 安葬	戌辰
	二十一日	㊐	六時三十五分	六時四十四分	九時七分		初六日	庚午	土	星	平	四綠	富	姑	春分 舊二月中 宜佛供求醫療病造醬閉門塞路	戌辰
물의 날	二十二日	月	六時三十四分	六時四十五分	九時五十七分	午前〇時二十二分	初七日	辛未	土	張	定	五黃	殺	夫	宜作厠修厠斷絶 •忌 祈福 遠行 移徙 入宅 約婚式 結婚式 宴會 納人 上章 服藥 訪問 行船 採血 手術 安葬	亥巳
氣象의 날	二十三日	火	◐上弦午後八時〇分				初八日	壬申	金	翼	執	六白	害	廚	宜祭祀出行上章求財治病沐浴 •忌 移徙 約婚式 結婚式 就任 入水 登山	亥巳
	二十四日	水	六時三十一分	六時四十七分	午後〇時一分	二時十六分	初九日	癸酉	金	軫	破	七赤	天	婦	百事不宜 吉神 黃道 大明 玉宇日 凶神 天賊 月破 披麻 月厭 五虛 劒鋒 地火日	亥巳
	二十五日	木	六時二十九分	六時四十八分	一時十二分	三時三分	初十日	甲戌	火	角	危	八白	利	竈	宜祭祀佛供宴會請願入學動土修屋立券交易 •忌 結婚 遠行 登山 入水	子午
	二十六日	金	六時二十八分	六時四十九分	二時二十五分	三時四十四分	十一日	乙亥	火	亢	成	九紫	安	第	宜祈福出行移徙約婚式入學會合造成 •忌 結婚式 訴訟 安葬 動土	丑未
	二十七日	土	六時二十六分	六時五十分	三時三十九分	四時二十分	十二日	丙子	水	氐	收	一白	災	翁	宜祈福上章入學立券交易會合裁衣沐浴收金回收植木播種	丑未
	二十八日	㊐	六時二十四分	六時五十一分	四時五十二分	四時五十三分	十三日	丁丑	水	房	開	二黑	師	堂	宜出行移徙約婚式結婚式宴會請願問安建屋修屋立券	丑未
	二十九日	月	六時二十三分	六時五十二分	六時五分	五時二十四分	十四日	戊寅	土	心	閉	三碧	富	姑	宜佛供治病服藥約婚式結婚式移徙伐木播種閉門塞路	寅申
	三十日	火	○望午前十一時二十五分				十五日	己卯	土	尾	建	四綠	殺	夫	宜祭祀出行大淸掃請託問安納人宴會開業伐木裁衣植木播種	寅申
	三十一日	水	六時二十分	六時五十三分	八時三十分	六時二十八分	十六日	庚辰	金	箕	除	五黃	害	廚	諸事不宜 吉神 月空 天恩 守日 吉期 兵寶日 凶神 受死 獨火 滅亡日 月害 土皇 伏斷日	卯酉

春分 午前二時三十二分 舊二月中

日出午前六時三十五分 晝十二時間九分

日入午後六時四十四分 夜十一時間五十一分

농사메모

• **벼농사**=①보온 절충못자리 설치용 자재준비。②일모작 논에 퇴비를 헤쳐넣고 논갈이 실시 또는 퇴비사 정비。 • **밭농사**=①보리밭 웃거름(인분뇨 등) 주기。②보리밭흙 넣기와 마지막 밟기。③고구마 온상설치。 • **축산**=①닭에 예방주사。②병아리 기르기。③돼지콜레라 예방주사 놓기。 • **경제작물**=①논감자 재배를 하기 위하여 냉상에 파종(중순 이전에 완료할 것)。②월동채소 추비。④논 뒷그루 사료작물 파종。 • **잠업**=①뽕나무 재배용 묘목준비。②뽕나무 봄거름(질소·인산질·칼리질 배합)。

이달의 主要略史

• 一日=三·一 독립운동 발발(一九一九) • 부산~신의주 복선철도 준공(一九四五) • 三日=정부 가정의례준칙 공포(一九六九) • 전두환씨 제十二대 대통령에 취임으로 제五공화국 출범(一九八一) • 四日=뉴델리에서 제1회 아시아체육대회 개최(一九五一) • 九日=咸白線 개통(一九五七) • 十五日=중앙선 개통(一九四二) • 제4대 정부통령 선거(一九六〇), 이날의 부정선거로 마산학생 의거 • 十七日=상해에서 대한민국 임시정부 수립을 선포(一九一九), 이날부터 대한민국 연호 사용。 • 二十一日=동학혁명 일어남(一八九四) • 二十二日=윤보선씨 대통령직 사임(一九六二) • 삼일고가도로 개통(一九六〇) • 二十四日=제十四대 국회의원 선거(一九九二) • 二十五日=제十一대 국회의원 선거(一九八一) • 二十六日=安重根 의사 여순 감옥에서 사형받아 殉國(一九一〇) • 二十九日=인천국제공항 개항(二〇〇一)

四月小 三十日

舊曆 自·二月十七日 至·三月十七日

陽曆	曜日	日出 (午前)	日入 (午後)	月出	月入	陰曆	干支	五行納音	二十八宿	二十神	九星	移徙周堂	婚姻周堂	行事宜日및不宜日	潮滿	
一日	木	六時十八分	六時五十四分	九時四十一分	午前七時四分	十七日	辛巳	金	斗	滿	六白	天	婦	宜問安請託祈福入學立券交易裁衣播種 ·忌 出行 移徙 結婚式 動土 入山 安葬	卯酉	
二日	金	六時十七分	六時五十五分	十時四十八分	七時四十四分	十八日	壬午	木	牛	平	七赤	利	竈	宜祭祀祈福出行移徙約婚式結婚式會議宴會民願提出開業	卯酉	鄕土豫備軍의 날
三日	土	六時十五分	六時五十六分	十一時五十分	八時二十九分	十九日	癸未	木	女	定	八白	安	第	宜告祀出行移徙請願納人建屋修屋定礎立券交易植木播種	辰戌	
四日	㊐	六時十四分	六時五十七分		九時二十分	二十日	甲申	水	虛	執	九紫	災	翁	宜祭祀出行約婚式結婚式宴會請託動土建屋修屋上樑未時	辰戌	
五日	月	六時十三分	六時五十八分	午前〇時四十五分	十時十五分	廿一日	乙酉	水	危	執	一白	師	堂	清明 舊三月節 宜祭祀佛供出行移徙約婚式結婚式伐木播種	辰戌	植木日
六日	火	◑下弦午後六時三十七分				廿二日	丙戌	土	室	破	二黑	富	姑	宜破屋壞垣 吉神 月空 解神 福生日 凶神 月破 九坎 天隔 四隔 九空 山鳴日 枯焦日	巳亥	寒食
七日	水	六時十分	七時〇分	二時十一分	午後〇時十二分	廿三日	丁亥	土	壁	危	三碧	殺	夫	諸事不宜 吉神 天月德合 母倉 大明 黃道日 凶神 伏斷日 受死 滅沒 月忌日 土禁 遊火 重日 山鳴日	巳亥	保健의 날
八日	木	六時八分	七時一分	二時四十五分	一時十一分	廿四日	戊子	火	奎	成	四綠	害	廚	宜佛供約婚式會合造成裁衣伐木沐浴 ·忌 結婚式 訴訟 移徙 安葬	巳亥	
九日	金	六時七分	七時二分	三時十五分	二時九分	廿五日	己丑	火	婁	收	五黃	天	婦	宜收金回收 吉神 益後日 凶神 河魁 地破 紅紗 氷消瓦解 五虛 重喪 復日 地鳴日	午子	
十日	土	六時五分	七時三分	三時四十一分	三時七分	廿六日	庚寅	木	胃	開	六白	利	竈	吉神 黃道 驛馬 陽德 六儀 青龍 天后 月恩 時陽 續世 旺日 凶神 天賊 天狗 水鳴日 血忌 厭對 招搖日	未丑	
十一日	㊐	六時四分	七時三分	四時六分	四時四分	廿七日	辛卯	木	昴	閉	七赤	安	第	宜祭祀治病立券播種 ·忌 遠行 移徙 約婚式 結婚式 入山 動土 造醬 上章 宴會 開業 手術	未丑	
十二日	月	六時二分	七時四分	四時三十一分	五時二分	廿八日	壬辰	水	畢	建	八白	災	翁	宜祈福出行約婚式結婚式請願大淸掃上章服藥立券播種	未丑	
十三日	火	六時一分	七時五分	四時五十五分	六時一分	廿九日	癸巳	水	觜	除	九紫	師	堂	宜告祀移徙約婚式結婚式納財服藥立券交易裁衣播種	申寅	臨時政府樹立記念日
十四日	水	●合朔午後九時二十九分				初一日	甲午	金	参	滿	一白	安	夫	宜祭祀祈福出行上章民願請求納人動土上樑申時造醬裁衣伐木播種	酉卯	三月大
十五日	木	五時五十八分	七時七分	五時五十二分	八時六分	初二日	乙未	金	井	平	二黑	利	姑	諸事不宜 吉神 天貴 大明 地啞日 凶神 天罡 月殺 月虛 滅亡 山鳴日	酉卯	
十六日	金	五時五十七分	七時八分	六時二十六分	九時十一分	初三日	丙申	火	鬼	定	三碧	天	堂	宜幼兒斷乳作厠修厠 이날은 月空 天聾 黃道 등 吉神이 들었으나 但 伏斷日이 되어 上記 行事 以外는 不宜함	酉卯	三辰日

清明 午前六時三十分 舊三月節

日出午前六時 十三分 晝 十時間四十五分
日入午後六時五十八分 夜十三時間十五分

白	綠	白
赤	紫	黑
碧	黃	白

평균기온

- 서울—十度五分
- 전주—十一度三分
- 포항—十二度一分
- 목포—十一度五分
- 강릉—十一度五分
- 대구—十二度一分
- 부산—十二度五分
- 제주—十二度三分

日	曜	時刻	時刻	時刻	時刻	陰曆	干支	五行	宿	直	九星	周堂	周堂	宜忌	時
十七日 土王用事	土	五時五十五分	七時九分	七時六分	十時十五分	初四日	丁酉	火	柳	執	四綠	害	翁	宜祭祀 告祀出行約婚式結婚式宴會求財基地建屋修屋沐浴	戌辰
十八日	㊐	五時五十四分	七時十分	七時五十五分	十一時十六分	初五日	戊戌	木	星	破	五黃	殺	第	諸事不宜 吉神 解神 福生 凶神 月破 九坎 天隔 月忌日 九空 四隔 復日 反支	戌辰
十九日 4·19革命記念日	月	五時五十三分	七時十一分	八時五十一分		初六日	己亥	木	張	危	六白	富	竈	• 이날은 危日에 受死 重日 土禁日 등에 해당하므로 遠行 移徙 結婚式 建屋 修屋 開業 등 重要性이 있는 行事에 限해서는 모두 不利함	戌辰
二十日 障碍人의 날	火	五時五十一分	七時十二分	九時五十四分	午前〇時十二分	初七日	庚子	土	翼	成	七赤	師	婦	穀雨 舊三月中 宜立券交易上章就任定礎上樑午時裁衣	亥巳
二十一日 科學의 날	水	五時五十分	七時十三分	十一時三分	一時一分	初八日	辛丑	土	軫	收	八白	災	廚	宜服藥收金搬出品回收裁衣播種 •忌 祈福 遠行 移徙 結婚式 出庫 造醬 入山 登攀 建屋	亥巳
二十二日 情報通信의 날	木	◐上弦午前三時二十分				初九日	壬寅	金	角	開	九紫	安	夫	吉神 天月德 五合 黃道 驛馬 陽德 大明 旺日 六儀 時陽 續世 青龍 天后 大空亡日 凶神 天賊 天狗 血忌 厭對 招搖日	亥巳
二十三日	金	五時四十七分	七時十四分	午後一時二十五分	二時十分	初十日	癸卯	金	亢	閉	一白	利	姑	宜佛供約婚式療病立券閉鎖閉門塞路 •忌 遠行 移徙 上章 結婚式 會議 開放 手術 入山	子午
二十四日	土	五時四十六分	七時十五分	二時三十六分	二時五十二分	十一日	甲辰	火	氐	建	二黑	天	堂	宜祈福出行移徙約婚式結婚式會合大淸掃裁衣 •忌 問病 行船	丑未
二十五日 法의 날	㊐	五時四十五分	七時十六分	三時四十六分	三時二十三分	十二日	乙巳	火	房	除	三碧	害	翁	宜幼兒斷乳斷絶作厠修厠 이날은 黃道 大明 五富 金堂 등 吉神이 많이 들었으나 但 伏斷日로 上記行事 外 不利	丑未
二十六日	月	五時四十四分	七時十七分	四時五十七分	三時五十三分	十三日	丙午	水	心	滿	四綠	殺	第	宜祭祀出行會合民願提出納財收金上章入學造醬伐木播種	丑未
二十七日	火	五時四十二分	七時十八分	六時八分	四時二十四分	十四日	丁未	水	尾	平	五黃	富	竈	諸事不宜 吉神 天德合 月德合 凶神 黑道 天罡 月忌日 月殺 月虛 滅亡日	寅申
二十八日 忠武公誕辰日	水	○望午後九時十八分				十五日	戊申	土	箕	定	六白	師	婦	宜祭祀祈福會合約定問安敬老行事上章入學服藥立券交易	寅申
二十九日	木	五時四十分	七時二十分	八時二十八分	五時三十六分	十六日	己酉	土	斗	執	七赤	災	廚	宜祭祀出行約婚式結婚式上章會合求醫療病服藥上樑午時蓋屋裁衣	卯酉
三十日	金	五時三十九分	七時二十一分	九時三十三分	六時十九分	十七日	庚戌	金	牛	破	八白	安	夫	宜破屋壞垣破約破碎手術 •忌(月破日) 祈福 遠行 移徙 入宅 約婚 結婚式 會議 造成 針灸 納犬 建屋	卯酉

穀雨 午後一時三十分 舊三月中

日出午前五時五十一分 晝十三時間二十一分

日入午後七時十二分 夜十時間三十九分

이달의 主要略史

• 一日‖여의도비행장 개항(一九二九) • 향토예비군 창설(一九六八) • 三日‖제주폭동 일어남(一九四八) • 농지개혁(一九五〇) • 六日‖巨濟大橋 개통(一九七一) • 七日‖독립신문 창간(一八九四) • 八日‖서울 전차 개통(一八九九) • 와우아파트 붕괴(一九七〇) • 十日‖종로에 첫 전등불 들어옴(一九〇〇) • 한국여자탁구팀 세계 제패(一九七三) • 十一日‖제15대 국회의원 선거(一九九六) • 十二日‖서울지하철 제1호선 起工(一九七一) • 十三日‖대한민국 임시정부 수립(一九一九) • 제十六대 국회의원 선거(二〇〇〇) • 十四日‖세종문화회관 개관(一九七八) • 十九日‖보스턴 마라톤대회에서 서윤복씨 우승(一九四七) • 三·一五부정선거를 규탄하는 학생시위가 전국 각처에서 일어남、이날을 四·一九혁명기념일로 지정(一九六〇) • 二十日‖조선산업박람회 개최(一九三五) • 二十六日‖부정선거에 의한 학생시위로 이승만씨 대통령직 사퇴 성명(一九六〇) • 제十三대 국회의원 선거(一九八八) • 二十七日‖증권시장 공영화(一九六三) • 제7대 대통령 선거、박정희 후보 당선(一九七一)

농사메모

• **벼농사**‖①수리 안전답에는 보온절충 및 보온간이절충 못자리 설치。②본답 一〇a당 十五평 이상 못자리면적을 확보하여 평당 2·7홉 정도 박파 실시。③부락 공동으로 볍씨 소독(메르크론 천배액)。 • **밭농사**‖①보리밭에 마지막 웃거름 주기。②논보리 배수구 정비。③옥수수 심기。④콩종자 소독。 • **경제작물**‖①4월 5일 이전에 논감자 심기 완료。②온상내 모종굳히기를 하고 터널내부 정식 완료。③과수의 묘목식재。 • **축산**‖①가축 체내의 기생충 구제。②꿀벌의 방한시설 철거 및 밀원식물 식재。 • **잠업**‖①뽕나무 봄거름 주기。②뽕나무 묘목을 퇴비를 넣고 식재。③뽕나무 「애바구미」 방제(BHC 살포)。

五月大 三十一日

舊曆 自·三月十八日 至·四月十八日

黃	碧	赤
白	白	白
紫	綠	黑

1日: 勤勞者의 날 / 5日: 어린이날 / 8日: 어버이날 / 11日: 入養의 날 / 14日: 四月小 陽遁下元 / 15日: 스승의 날

陽曆	曜日	日出 午前	日入 午後	月出	月入	陰曆	干支	納音五行	二十八宿	二十神	九星	移徙周堂	婚姻周堂	行事宜日및不宜日	潮滿
一日	土	五時三十七分	七時二十二分	午後十時三十二分	午前七時八分	十八日	辛亥	金	女	危	九紫	利	姑	宜殺蟲劑撒布(效果的임) ·忌 祈福 遠行 移徙 入宅 結婚式 建築 手術 入山 登攀 入水 行船 造醬 安葬	卯酉
二日	㉰	五時三十六分	七時二十三分	十一時二十三分	八時三分	十九日	壬子	木	虛	成	一白	天	堂	宜幼兒斷乳斷絶作厠修厠 이날은 天月德 등 좋은 吉神이 많으나 但 伏斷日이 되어 上記行事 外는 不利	辰戌
三日	月	五時三十五分	七時二十三分		九時一分	二十日	癸丑	木	危	收	二黑	害	翁	宜佛供出行收金回收裁衣播種 ·忌 遠行 移徙 結婚式 訴訟 入水 行船 動土 建屋 修屋	辰戌
四日	火	五時三十四分	七時二十四分	午前○時六分	十時一分	廿一日	甲寅	水	室	開	三碧	殺	第	諸事不宜 吉神 黃道 驛馬 六儀 時陽 天后 五合 陽德 續世 青龍 旺日 凶神 天賊 天狗 血忌 地囊日 四絶 厭對 招搖 伏斷日	辰戌
五日	水	五時三十三分	七時二十五分	○時四十三分	十一時○分	廿二日	乙卯	水	壁	開	四綠	富	竈	立夏 舊四月節 宜出行移徙入學宴會宣傳開業	巳亥
六日	木	◑下弦午後一時十五分				廿三日	丙辰	土	奎	閉	五黃	師	婦	宜祭祀 祈福 佛供 移徙約婚式結婚式療病裁衣 ·忌 遠行 上章 宴會 登山 入水 安葬	巳亥
七日	金	五時三十一分	七時二十七分	一時四十二分	午後○時五十七分	廿四日	丁巳	土	婁	建	六白	災	廚	宜祭祀大淸掃捕魚狩獵殺蟲劑撒布 ·忌 遠行 移徙 手術 安葬 結婚式 動土 建屋	巳亥
八日	土	五時三十分	七時二十八分	二時八分	一時五十四分	廿五日	戊午	火	胃	除	七赤	安	夫	宜 祭祀 告祀移徙約婚式納人宴會動土造醬沐浴播種	午子
九日	㉰	五時二十九分	七時二十九分	二時三十二分	二時五十一分	廿六日	己未	火	昴	滿	八白	利	姑	吉神 黃道 月恩 四相 守日 益後 天巫 天赦神 凶神 天賊 土瘟 月厭 地火 山鳴 九空 大殺 招搖 九坎 枯焦日	未丑
十日	月	五時二十八分	七時三十分	二時五十七分	三時四十九分	廿七日	庚申	木	畢	平	九紫	天	堂	宜出行上章入學伐木 ·忌 告祀 移徙 約婚式 結婚式 針灸 手術 採血 動土 建屋	未丑
十一日	火	五時二十七分	七時三十一分	三時二十三分	四時五十分	廿八日	辛酉	木	觜	定	一白	害	翁	宜幼兒斷乳斷絶作厠修厠 ·忌 祈福 遠行 移徙 約婚式 結婚式 上章 民願請求 會合 訴訟 建築 造醬	未丑
十二日	水	五時二十六分	七時三十二分	三時五十一分	五時五十三分	廿九日	壬戌	水	參	執	二黑	殺	第	宜祈福出行上章收金捕獲求醫療病裁衣 ·忌 移徙 結婚式 納犬 築堤防	申寅
十三日	木	五時二十五分	七時三十二分	四時二十四分	六時五十八分	三十日	癸亥	水	井	破	三碧	富	竈	宜破碎破屋壞垣 吉神 黃道 驛馬 金堂 天后 天巫日 凶神 月破 水鳴日 土忌 往亡	申寅
十四日	金	●合朔午前十時四分				初一日	甲子	金	鬼	危	四綠	天	婦	宜 佛供 祭祀上章立券裁衣播種 ·忌 遠行 移徙 結婚式 入山 登攀 入水 行船 手術 採鑛 出庫	酉卯
十五日	土	五時二十三分	七時三十四分	五時四十九分	九時七分	初二日	乙丑	金	柳	成	五黃	利	竈	宜 祭祀 佛供出行約婚式結婚式會議宴會建屋修屋 ·忌 移徙 登山	酉卯
十六日	㉰	五時二十二分	七時三十五分	六時四十四分	十時六分	初三日	丙寅	火	星	收	六白	安	第	宜佛供搬出品回收收金請願造醬裁衣 ·忌 出行 移徙 結婚式 動土 行船 安葬	酉卯

立夏 午後十一時四十四分 舊四月節

日出午前五時三十三分 晝十三時間五十二分

日入午後七時二十五分 夜 十時間八分

평균기온

- 서울—十六度三分
- 전주—十六度八分
- 포항—十六度八分
- 목포—十六度五分
- 강릉—十六度七分
- 대구—十七度六分
- 부산—十六度七分
- 제주—十六度二分

成年의 날	十七日	月	五時二十二分	七時三十六分	七時四十六分	十時五十八分	初四日	丁卯	火	張	開	七赤	災	翁	宜出行約婚式結婚式上章入學會合起造上樑 未時 造醬開業	戌辰
五·一八民主化運動記念日	十八日	火	五時二十一分	七時三十七分	八時五十五分	十一時四十三分	初五日	戊辰	木	翼	閉	八白	師	堂	宜祭祀閉門塞路盖屋閉鎖裁衣 •忌 遠行 移徙 約婚式 結婚式 會合 行船 採血 宣傳 開業	戌辰
發明의 날	十九日	水	五時二十分	七時三十八分	十時六分		初六日	己巳	木	軫	建	九紫	富	姑	宜入學大淸掃裁衣伐木播種捕魚狩獵殺蟲劑撒布	戌辰
	二十日	木	五時十九分	七時三十八分	十一時十七分	午前○時二十一分	初七日	庚午	土	角	除	一白	殺	夫	宜斷煙幼兒斷乳斷絶(以上은 效果的) 作厠修厠 이날은 伏斷日이 되어 上記 以外의 行事는 모두 不利	亥巳
夫婦의 날 / 釋迦誕辰日	二十一日	金	◑上弦午前八時四十三分				初八日	辛未	土	亢	滿	二黑	害	廚	小滿 舊四月中 諸事不宜 凶神 天賊 土瘟 地火 月厭 九坎 九空 大殺 十惡 山鳴日	亥巳

小滿 午後零時三十四分 舊四月中

日出午前五時 十九分 晝十四時間二十分
日入午後七時三十九分 夜 九時間四十分

	二十二日	土	五時十八分	七時四十分	午後一時三十六分	一時二十五分	初九日	壬申	金	氐	平	三碧	天	婦	宜祭祀服藥宴會伐木沐浴 •忌 遠行 移徙 約婚式 結婚式 手術 採血 動土 建屋 安葬	亥巳
	二十三日	㊐	五時十七分	七時四十一分	二時四十五分	一時五十五分	初十日	癸酉	金	房	定	四綠	利	竈	宜祭祀服藥約定動土建屋播種 •忌 移徙 結婚式 宴會 訴訟 登山 開業	子午
	二十四日	月	五時十七分	七時四十二分	三時五十三分	二時二十五分	十一日	甲戌	火	心	執	五黃	安	第	宜祭祀 佛供 出行移徙約婚式結婚式建屋修屋立券交易裁衣 伐木	丑未
防災의 날	二十五日	火	五時十六分	七時四十二分	五時二分	二時五十六分	十二日	乙亥	火	尾	破	六白	災	翁	宜破碎破約破屋壞垣手術 •忌 祈福 遠行 移徙 約婚式 結婚式 上章 會合 結成 建築 動土 安葬	丑未
	二十六日	水	五時十五分	七時四十三分	六時十一分	三時三十二分	十三日	丙子	水	箕	危	七赤	師	堂	宜祈福立券裁衣沐浴播種 •忌 遠行 移徙 約婚式 結婚式 宴會 入山 登攀 行船	丑未
	二十七日	木	五時十五分	七時四十四分	七時十七分	四時十二分	十四日	丁丑	水	斗	成	八白	富	姑	宜幼兒斷乳斷煙(以上은 效果的) 作厠修厠 이날은 伏斷日이 되어 上記 以外의 行事는 모두 不宜함	寅申
	二十八日	金	○望午前八時七分				十五日	戊寅	土	牛	收	九紫	殺	夫	宜佛供入學收金入學 •忌 遠行 移徙 約婚式 結婚式 放出 療病 問病 動土 建屋 修屋	寅申
	二十九日	土	五時十四分	七時四十五分	九時十三分	五時五十四分	十六日	己卯	土	女	開	一白	害	廚	宜幼兒斷乳斷煙作厠修厠 이날은 伏斷日이 되어 上記行事 以外의 모든 行事는 不宜함	酉卯
	三十日	㊐	五時十三分	七時四十六分	十時○分	六時四十八分	十七日	庚辰	金	虛	閉	二黑	天	婦	宜祭祀服藥治病上樑 申時 閉門塞路立券交易 •忌 會合 遠行 結婚 針灸	酉卯
바다의 날	三十一日	月	五時十三分	七時四十七分	十時四十分	七時十七分	十八日	辛巳	金	危	建	三碧	利	竈	宜入學立券交易裁衣播種捕魚狩獵大淸掃殺蟲劑撒布	酉卯

농사메모

•**벼농사**=①보온못자리 관리(비닐제거、추비사용、물관리、피사리) 및 병충해 방제。②모내기 전 밑거름。③五월 二○~三○일 사이에 모내기 완료。•**밭농사**=①보리・밀밭의 깜부기 제거。②고구마 심기、콩씨뿌리기。•**경제작물**=①살충제로 마늘밭 고자리 방제。②온상의 모종을 노지(露地)에 옮겨 심기。③오이・토마토 지주 세우기。•**축산**=①한우・돼지에 종부실시。②부화6주된 병아리에 계두예방 접종。•**잠업**=①누에 사육실의 습도・온도 등 환경을 알맞도록 맞추어 둔다。②어린누에 공동치기。

이달의 主要略史

•一日=경부복선철도 개통(一九三六) •二日=제4대 민의원 선거(一九五八) •三日=제6대 대통령 선거(一九六七) •五日=신익희 민주당 대통령후보 이리에서 유세중 서거(一九五六) •어린이헌장 선포(一九五七) •어린이대공원 개원(一九七三) •八日=어버이날로 제정(一九五六) •十日=초대 민의원 선거(一九四八) •十二日=남산케이블카 운행 개시(一九六二) •十五日=제3대 정부통령 선거、이승만씨 당선(一九五六) •十七日=서대문 청량리간 전차 개통(一八九八) •二十日=남로당 국회 프락치사건 적발(一九四九) •제3대 민의원 선거(一九五四) •二十一日=아산만 방조제 완공(一九七四) •二十四日=팔당댐 준공(一九七四) •二十五日=제8대 국회의원 선거(一九七一) •二十六日=개헌 파동(一九五二) •三十日=제2대 민의원 선거(一九五○) •三十一日=제十七회 二○○二 피파 월드컵 개최 한국 4강 진출(二○○二)

六月小 三十日

舊曆 自·四月十九日 至·五月十九日

環境의 날

顯忠日

端午節

五月大

白	黑	綠
黃	赤	紫
白	碧	白

陽曆	曜日	日出 午前	日入 午後	月出	月入	陰曆	干支	納音五行	二十八宿	二十神	九星	移徙周堂	婚姻周堂	行事宜日 및 不宜日	潮滿
一日	火	五時十三分	七時四十七分	午後十一時十三分	午前八時四十八分	十九日	壬午	木	室	除	四綠	安	第	宜 祭祀 祈福 出行移徙入宅約婚式結婚式會合請願定礎上樑 午時 開業	戌辰
二日	水	五時十二分	七時四十八分	十一時四十三分	九時四十七分	二十日	癸未	木	壁	滿	五黃	災	翁	吉神 黃道 益後 天巫 天赦神 天恩 守日 大空亡日 凶神 天賊 土瘟 月厭 地火 九坎 九空 大殺 枯焦 觸水龍日	戌辰
三日	木	五時十二分	七時四十九分		十時四十六分	廿一日	甲申	水	奎	平	六白	師	堂	宜出行祭祀入學會合請願動土修屋上樑 未時 立券交易伐木播種	戌辰
四日	金	五時十二分	七時四十九分	午前○時九分	十一時四十三分	廿二日	乙酉	水	婁	定	七赤	富	姑	宜祭祀 佛供 出行移徙宴會民願提出約定開業裁衣伐木播種	亥巳
五日	土	◑下弦午前七時十三分				廿三日	丙戌	土	胃	執	八白	殺	夫	宜斷絶斷煙幼兒斷乳 (以上은 效果的) 作厠修厠 이날은 伏斷日이 되어 上記 行事 以外는 不利	亥巳
六日	㊐	五時十一分	七時五十一分	○時五十八分	午後一時三十七分	廿四日	丁亥	土	昴	執	九紫	害	廚	芒種 舊五月節 宜祭祀 祈福 求財問安 · 忌 移徙 結婚 登山 遠行 安葬	亥巳
七日	月	五時十一分	七時五十一分	一時二十三分	二時三十六分	廿五日	戊子	火	畢	破	一白	天	婦	百事不宜 吉神 黃道 解神 六儀 月恩 四相日 凶神 天賊 受死 月破 天火 地鳴日 披麻 厭對 五虛 劒鋒 天獄	午子
八日	火	五時十一分	七時五十二分	一時五十分	三時三十七分	廿六日	己丑	火	觜	危	二黑	利	竈	宜 佛供 祈福 祭祀請願上章入學移徙約婚式裁衣 · 忌 納人 行船 渡水 遠行 手術 登山	未丑
九日	水	五時十一分	七時五十二分	二時二十分	四時四十分	廿七日	庚寅	木	參	成	三碧	安	第	宜約婚式結婚式會合造成上章開業求財 · 忌 祭祀 祈福 移徙 針灸 行船 動土 納畜	未丑
十日	木	五時十分	七時五十三分	二時五十六分	五時四十六分	廿八日	辛卯	木	井	收	四綠	災	翁	宜祭祀祈福約婚式會合請願上章入學立券交易收金播種	未丑
十一日	金	五時十分	七時五十三分	三時三十九分	六時五十一分	廿九日	壬辰	水	鬼	開	五黃	師	堂	宜出行移徙約婚式會議出品開放立券交易裁衣播種 · 忌 結婚式 祭祀	申寅
十二日	土	●合朔午後八時十五分				初一日	癸巳	水	柳	閉	六白	安	夫	宜立券裁衣播種求醫療病閉門塞路 閉鎖 · 忌 遠行 移徙 入宅 結婚 會合 行船 採血 安葬	酉卯
十三日	㊐	五時十分	七時五十四分	五時三十二分	八時五十分	初二日	甲午	金	星	建	七赤	利	姑	宜 祭祀 祈福 出行移徙約婚式結婚式動土上樑 午時 造醬裁衣播種	酉卯
十四日	月	五時十分	七時五十四分	六時四十分	九時三十九分	初三日	乙未	金	張	除	八白	天	堂	宜幼兒斷乳斷絶斷煙作厠修厠 吉神 大明 地啞 六合 吉期 兵寶 守日 凶神 伏斷日 反支	酉卯
十五日	火	五時十分	七時五十五分	七時五十二分	十時二十分	初四日	丙申	火	翼	滿	九紫	害	翁	宜 祭祀 佛供 出行約婚式結婚式民願請求上章收金納人裁衣 伐木 播種	戌辰
十六日	水	五時十分	七時五十五分	九時六分	十時五十六分	初五日	丁酉	火	軫	平	一白	殺	第	宜斷煙幼兒斷乳作厠修厠 · 忌 (伏斷日) 遠行 移徙 約婚式 結婚式 宴會 開業 告祀 納人 動土 建屋	戌辰

芒種 午前三時四十九分

舊五月節

日出午前五時 十一分 晝十四時間四十分

日入午後七時五十一分 夜 九時間二十分

평균기온

- 서울—二十度八分
- 전주—二十度三分
- 포항—二十度一分
- 목포—二十度六分
- 강릉—十九度七分
- 대구—二十一度六分
- 부산—十九度八分
- 제주—二十度四分

六·二五事變日

日	曜日	日出	日入	月出	月入	陰曆	干支	納音	宿	直	九星			宜·忌	時
十七日	木	五時十分	七時五十五分	十時十八分	十一時二十八分	初六日	戊戌	木	角	定	二黑	富	竈	宜祈福約婚式出行移徙結婚式會議約定服藥上樑 時巳 裁衣播種	戌辰
十八日	金	五時十一分	七時五十六分	十一時二十八分	十一時五十八分	初七日	己亥	木	亢	執	三碧	師	婦	宜告祀出行入學服藥動土基地上樑 時午 播種 •忌 結婚式 登山 行船 安葬	亥巳
十九日	土	◐上弦午後一時二十九分				初八日	庚子	土	氐	破	四綠	災	廚	百事不利 吉神 黃道 天聾 解神 六儀 凶神 天賊 受死 月破 五虛 山鳴日 披麻 天火 厭對 劍鋒 天獄	亥巳
二十日	㊐	五時十一分	七時五十七分	午後一時四十五分	午前〇時二十八分	初九日	辛丑	土	房	危	五黃	安	夫	宜移徙約婚式宴會請願增資上樑 時申 裁衣播種 •忌 結婚 造醬 行船 登山	亥巳
二十一日	月	五時十一分	七時五十七分	二時五十三分	〇時五十八分	初十日	壬寅	金	心	成	六白	利	姑	夏至 舊五月中 宜祈福約婚式上章入學起造	子午
二十二日	火	五時十一分	七時五十七分	四時一分	一時三十二分	十一日	癸卯	金	尾	收	七赤	天	堂	宜佛供約婚式會合立劵交易收金回收 •忌 遠行 就任 訴訟 動土 基地 手術 行船 安葬	丑未
二十三日	水	五時十一分	七時五十七分	五時七分	二時十分	十二日	甲辰	火	箕	開	八白	害	翁	宜作厠修厠幼兒斷乳斷煙斷絶 이날은 伏斷日이 되어 上記 以外의 行事에 限해서는 모두 不利함	丑未
二十四日	木	五時十二分	七時五十七分	六時九分	二時五十三分	十三日	乙巳	火	斗	閉	九紫	殺	第	宜祭祀療養治病閉門塞路閉鎖 •忌 遠行 移徙 結婚式 會合 上章 手術 採血 廣告 開業 安葬	丑未
二十五日	金	五時十二分	七時五十七分	七時五分	三時四十二分	十四日	丙午	水	牛	建	一白	富	竈	宜祭祀出行移徙會合請願大淸掃上章入學納人 •忌 動土 建屋 問病 開業	寅申
二十六日	土	○望午後八時三十分				十五日	丁未	水	女	除	二黑	師	婦	宜佛供請願會合立劵交易伐木 •忌 遠行 移徙 結婚式 服藥 建屋 安葬	寅申
二十七日	㊐	五時十三分	七時五十七分	八時三十七分	五時三十六分	十六日	戊申	土	虛	滿	三碧	災	廚	宜祭祀告祀出行約婚式結婚式宴會服藥立劵交易裁衣伐木	卯酉
二十八日	月	五時十三分	七時五十七分	九時十三分	六時三十六分	十七日	己酉	土	危	平	四綠	安	夫	宜祭祀出行移徙請願問安敬老行事民願提出療病服藥裁衣	卯酉
二十九日	火	五時十三分	七時五十七分	九時四十四分	七時三十六分	十八日	庚戌	金	室	定	五黃	利	姑	宜祭祀移徙入宅約婚式結婚式民願請求問安就任 •忌 遠行 訴訟 針灸 納犬	卯酉
三十日	水	五時十四分	七時五十七分	十時十一分	八時三十五分	十九日	辛亥	金	壁	執	六白	天	堂	宜斷煙幼兒斷乳始作斷絶作厠修厠 이날은 月德合 등 吉神이 많으나 伏斷日이 되어 上記行事 외는 不利	辰戌

夏至 午後八時二十八分 舊五月中

日出午前五時 十一分 晝十四時間四十六分

日入午後七時五十七分 夜 九時間十四分

농사메모

•**벼농사**‖①1모작 논으로 아직 모내기 못한 곳은 6월 5일 이전에 서둘러 끝마친다。②2모작 논에 조생계 신품종을 심는다。③모낸 후 새끼칠 거름을 준다。④이화명충 및 도열병 등을 예방한다。 •**밭농사**‖①논보리 적기수확 및 탈곡。②보리 뒷그루 콩심기、논두렁콩 빈그루 보식。③고구마밭 김매기。 •**경제작물**‖①고추의 담배나방 방제。②과수의 적과와 봉지를 씌우고 추비사용、과수의 불필요한 가지 제거。 •**축산**‖①사료 작물은 꽃필 때나 유숙초기에 수확하고 벤 후에 웃거름을 준다。②계사(鷄舍)에 망을 친다。 •**잠업**‖①뽕나무 애바구미 방제를 위하여 「사리치온」이나 「지오릭스」를 살포。②느타리버섯 재배。

이달의 主要略史

•一日‖제1회 조선미술전람회 개최(一九四七) •四日‖지방자치 단체장 및 의원 선거(一九九八) •六日‖현충일로 제정(一九五六)·국가재건비상조치법 발표(一九六一) •八日‖제7대 국회의원 선거(一九六七) •十日‖六·十만세사건 일어남(一九二六)·제2차 화폐개혁 一○대 一로(一九六二) •十二日‖한국은행 발족(一九五○)·대한적십자사 처음으로 대북구호물자 직접 전달(一九九七) •十五日‖내각책임제 개헌 국회 통과(一九六○)·남북정상 六·十五 남북공동선언(二○○○) •十八日‖반공포로 석방(一九五三) •二十日‖주민등록제도 시행(一九六三) •二十一日‖농지개혁법 공포(一九四九) •二十二日‖한일협정(一九六二) •二十三日‖KBS 이산가족찾기 TV생방송 시작(一九八三) •二十五日‖북괴군 남침으로 六·二五사변 일어남(一九五○) •二十六日‖白凡 金九 안두희에게 저격 암살됨(一九四九) •二十八日‖北軍 서울 침입(一九五○) •二十九日‖주한미군 철수(一九四九)·삼풍백화점 붕괴 대참사(一九九五) •三十日‖경기도 화성 씨랜드 火災 二十三명 死亡(一九九九)

七月大 三十一日

舊曆 自·五月二十日 至·六月二十日

六月小 陰遁上元

黃	白	碧
綠	白	白
紫	黑	赤

陽曆	曜日	日出 午前	日入 午後	月出	月入	陰曆	干支	納音五行	二十八宿	十二神	九星	移徙周堂	婚姻周堂	行事宜日 및 不宜日	潮滿
一日	木	五時十四分	七時五十七分	午後十時三十六分	午前九時三十三分	二十日	壬子	木	奎	破	七赤	害	翁	萬事不宜 神吉 黃道 月空 天恩 天聾 六儀 解神 大空亡日 神凶 天賊 受死 月破 天火 四廢 披麻 厭對 五虛 劍鋒 天獄	辰戌
二日	金	五時十五分	七時五十七分	十一時○分	十時三十分	廿一日	癸丑	木	婁	危	八白	殺	第	宜佛供出行約婚式就任裁衣播種 ·忌 移徙 結婚式 訴訟 納人 行船 入山 登攀 手術	辰戌
三日	土	五時十五分	七時五十七分	十一時二十四分	十一時二十六分	廿二日	甲寅	水	胃	成	九紫	富	竈	宜佛供出行約婚式會合造成立券交易裁衣伐木播種 ·忌 祭祀 訴訟	巳亥
四日	㊐	◑下弦午後十一時三十五分				廿三日	乙卯	水	昴	收	一白	師	婦	宜祭祀收金回收立券交易伐木播種 ·忌 遠行 移徙 結婚式 動土 手術 登山	巳亥
五日	月	五時十六分	七時五十七分		午後一時二十三分	廿四日	丙辰	土	畢	開	二黑	災	廚	宜出行開會宴會開放出品約婚式結婚式上章入學動土開業	巳亥
六日	火	五時十七分	七時五十七分	午前○時十八分	午後二時二十四分	廿五日	丁巳	土	觜	閉	三碧	安	夫	宜治病閉門塞路閉鎖 ·忌 祈福 遠行 移徙 結婚式 問安 上章 請託 手術 採血 宣傳 開業 安葬	午子
七日	水	五時十七分	七時五十六分	○時五十一分	三時二十八分	廿六日	戊午	火	參	閉	四綠	利	姑	小暑 舊六月節 諸事不宜 神凶 受死 往亡 血支 土忌 山鳴日 天吏 致死 地隔 轉殺 復日	未丑
八日	木	五時十八分	七時五十六分	一時三十分	四時三十二分	廿七日	己未	火	井	建	五黃	天	堂	宜祭祀出行大清掃立券交易伐木播種 ·忌 移徙 結婚式 動土 建屋 修屋 安葬	未丑
九日	金	五時十八分	七時五十六分	二時十七分	五時三十六分	廿八日	庚申	木	鬼	除	六白	害	翁	宜幼兒斷乳斷絕斷煙 (以上은 效果的) 作厠修厠 이날은 伏斷日이 되어 오직 上記行事에만 宜함	未丑
十日	土	五時十九分	七時五十六分	三時十三分	六時三十六分	廿九日	辛酉	木	柳	滿	七赤	殺	第	宜祭祀佛供出行納人請願立券交易裁衣伐木 ·忌 移徙 結婚 動土 造醬 宴會 登山	申寅
十一日	㊐	五時二十分	七時五十五分	四時十八分	七時二十九分	三十日	壬戌	水	星	平	八白	富	竈	宜祈福療養裁衣 ·忌 遠行 移徙 約婚式 結婚式 宴會 築堤防 動土 建屋 行船 開業	申寅
十二日	月	●合朔午前四時四十分				初一日	癸亥	水	張	定	九紫	天	婦	宜祭祀祈福出行移徙會合請願入學上樑午時約定 ·忌 結婚式 登山 納人 安葬	酉卯
十三日	火	五時二十一分	七時五十四分	六時四十六分	八時五十三分	初二日	甲子	金	翼	執	九紫	利	竈	宜祭祀上章會合請託基地定礎上樑午時蓋屋立券裁衣 ·忌 植木 播種	酉卯
十四日	水	五時二十二分	七時五十四分	八時一分	九時二十八分	初三日	乙丑	金	軫	破	八白	安	第	宜破約破碎破屋壞垣 ·忌 (月破日) 祈福 遠行 移徙 約婚式 結婚式 上章 會合 結成 行船 納人 動土 建屋 契約	酉卯
十五日	木	五時二十二分	七時五十三分	九時十四分	十時○分	初四日	丙寅	火	角	危	七赤	災	翁	宜佛供出行約婚式結婚式求財會合造醬開業 ·忌 祭祀 祈福 移徙 動土	戌辰
十六日	金	五時二十三分	七時五十三分	十時二十六分	十時三十分	初五日	丁卯	火	亢	成	六白	師	堂	宜祭祀出行移徙入宅約婚式結婚式會合請願上樑未時 ·忌 造醬	戌辰

小暑 午後二時二分 **舊六月節**

日出午前五時十七分 晝十四時間三十九分

日入午後七時五十六分 夜九時間二十一分

평균기온

- 서울 — 二十四度五分
- 전주 — 二十五度七分
- 포항 — 二十三度六分
- 목포 — 二十四度八分
- 강릉 — 二十三度五分
- 대구 — 二十五度三分
- 부산 — 二十三度七分
- 제주 — 二十五度一分

양력	요일	시각 1	시각 2	시각 3	시각 4	음력	日辰	納音	28宿	12直	九星			宜·忌	時	비고
十七日	土	五時二十四分	七時五十二分	十一時三十六分	十一時一分	初六日	戊辰	木	氐	收	五黃	富	姑	宜祭祀求財收金搬出品回收治病 •忌 遠行 移徙 結婚式 宴會 納人 就任 建屋 開業 安葬	戌辰	制憲節
十八日	㊐	◐上弦午後七時十一分				初七日	己巳	木	房	開	四綠	殺	夫	百事不宜 吉神 黃道 四相 青龍 時陽 福生 驛馬 天后 旺日 凶神 天賊 天狗 地火 月厭 重日 重喪 水鳴日 伏斷日	亥巳	
十九日	月	五時二十五分	七時五十一分	午後一時五十三分		初八日	庚午	土	心	閉	三碧	害	廚	諸事不宜 吉神 月空 天巫 六合 官日 凶神 受死 往亡 血支 土忌 轉殺 天吏 致死 地隔 山鳴日	亥巳	初伏
二十日	火	五時二十六分	七時五十一分	三時○分	午前○時十一分	初九日	辛未	土	尾	建	二黑	天	婦	宜祭祀出行請願立券交易大清掃播種 •忌 移徙 結婚式 造醬 服藥 建屋 修屋	亥巳	土王用事
二十一日	水	五時二十七分	七時五十分	四時三分	○時五十二分	初十日	壬申	金	箕	除	一白	利	竈	宜祭祀祈福 出行移徙約婚式結婚式民願請求服藥納人上樑巳時 伐木	子午	
二十二日	木	五時二十八分	五時四十九分	五時○分	一時三十九分	十一日	癸酉	金	斗	滿	九紫	安	第	宜祭祀服藥民願提出播種 •忌 遠行 移徙 約婚式 結婚式 宴會 訴訟 動土 登山 手術	丑未	
二十三日	金	五時二十八分	七時四十八分	五時五十一分	二時三十一分	十二日	甲戌	火	牛	平	八白	災	翁	大暑 舊六月中 宜祭祀佛供 出行結婚式立券交易裁衣伐木	丑未	
二十四日	土	五時二十九分	七時四十八分	六時三十六分	三時二十八分	十三日	乙亥	火	女	定	七赤	師	堂	宜祈福出行會合約定移徙約婚式服藥 •忌 結婚式 納人 動土 建屋 修屋 安葬	丑未	
二十五日	㊐	五時三十分	七時四十七分	七時十三分	四時二十七分	十四日	丙子	水	虛	執	六白	富	姑	宜幼兒斷乳作厠修厠 이날은 天貴 大明 등의 吉神이 들었으나 但 伏斷日이 되어 上記行事 外는 不宜함	寅申	
二十六日	月	○望午前十時三十七分				十五日	丁丑	水	危	破	五黃	殺	夫	宜破約破碎破屋壞垣 •忌 祈福 遠行 移徙 約婚式 結婚式 會合 結成 築造 契約 請託 動土 建屋 開業	寅申	流頭日
二十七日	火	五時三十一分	七時四十五分	八時十四分	六時二十七分	十六日	戊寅	土	室	危	四綠	害	廚	宜斷絶斷煙作厠修厠 이날은 黃道 五富 四相 등 많은 吉神이 들었으나 단 伏斷日이 되어 上記以外의 행사는 不利	卯酉	
二十八日	水	五時三十二分	七時四十五分	八時四十分	七時二十五分	十七日	己卯	土	壁	成	三碧	天	婦	宜祭祀出行移徙會合請願問安上章造成基地定礎開業	卯酉	
二十九日	木	五時三十三分	七時四十四分	九時四分	八時二十二分	十八日	庚辰	金	奎	收	二黑	利	竈	宜祭祀治病問安收金立券交易 •忌 遠行 移徙 約婚式 結婚式 宴會 求職 入山 動土 針灸 開業	卯酉	中伏
三十日	金	五時三十四分	七時四十三分	九時二十八分	九時十八分	十九日	辛巳	金	婁	開	一白	安	第	吉神 黃道 月恩 天恩 地啞 天后 青龍 時陽 福生 驛馬 旺日 凶神 天賊 天狗 地火 月厭 重日	辰戌	
三十一日	土	五時三十五分	七時四十二分	九時五十三分	十時十五分	二十日	壬午	木	胃	閉	九紫	災	翁	宜閉門塞路殺蟲劑撒布 이날은 受死 往亡 閉日이 되어 上記行事만 宜하고 그 外의 行事는 모두 不利함	辰戌	

大暑 午前七時二十一分 舊六月中

日出午前五時二十八分 晝十四時間二十分

日入午後七時四十八分 夜九時間四十分

농사메모

•**벼농사**=①중간 물빼기 실시。②이삭거름주기。③잎 도열병 방제。④잎집무늬마름병·흰빛잎마름병 방제。보리의 수분함량을 十四% 정도로 건조。•**경제작물**=①고추의 담배나방 방제。②가을 김장채소 우량품종 씨앗으로 준비。③하순에 육묘。•**밭농사**=①그루콩 및 옥수수의 북주기와 김매기。②수매할 질병 발생에 조심하고 예방에 힘쓴다。②아카시아·싸리·칡잎으로 녹사료。•**잠업**=①뽕나무밭에 2차 여름비료 살포。②잠구를 소독。③가을누에씨를 신청。•**축산**=①모든 가축의 여름철

이달의 主要略史

•一日=의료보험제도 실시(一九七七) •三日=포항제철 준공(一九七三) •四日=(一九○七) •十五日=京仁間 첫 전화 개통(一九○○) •중학입시제 폐지(一九六八) •서울 잠수교 개통(一九七六) •十七日=대한민국헌법 최초 공포(一九四八) •六日=統代 제9대 대통령 선출(一九七八) •七日=京釜고속도로 개통(一九七○) •서해안 고속도로 인천~안산간 개통(一九九八) •울산, 광역시로 승격(一九九七) •二十日=初代 대통령에 이승만 선출(一九四八) •八日=충남 공주에서 무령왕릉 발굴(一九七一) •金日成 사망(一九九四) •二十一日=경인고속도로 개통(一九六九) •二十七日=휴전협정 조인(一九五三) •九日=韓美행정협정 조인(一九六六) •十四日=이준열사 만국평화회의에서 殉國 •二十九日=제5대 민의원、초대 참의원 총선거(一九六○)

綠	紫	黑
碧	黃	赤
白	白	白

八月大 三十一日

舊曆 自·六月廿一日 至·七月廿二日

陽曆	曜日	日出 午前	日入 午後	月出	月入	陰曆	干支	納音五行	二十八宿	二十神	九星	移徙周堂	婚姻周堂	行事宜日및不宜日	潮滿
一日	㊐	五時三十六分	七時四十一分	午後十時二十分	午前十一時十三分	廿一日	癸未	木	昴	建	八白	師	堂	宜祈福出行入學起造定礎立券交易裁衣植木播種 ·忌 移徙 結婚式 服藥 訴訟	戌辰
二日	月	五時三十六分	七時四十分	十時五十分	午後○時十二分	廿二日	甲申	水	畢	除	七赤	富	姑	宜祭祀出行移徙入宅約婚式結婚式會合問安上樑未時立券交易	亥巳
三日	火	◑下弦午後一時五十九分				廿三日	乙酉	水	觜	滿	六白	殺	夫	諸事不宜 吉神 續世 大空亡日 天巫 民日 凶神 伏斷日 披麻 土瘟 山隔 月忌日 血忌 山鳴日	亥巳
四日	水	五時三十八分	七時三十八分		二時十六分	廿四日	丙戌	土	參	平	五黃	害	廚	宜祭祀佛供問安治病裁衣播種 ·忌 遠行 移徙 約婚式 結婚式 納犬 動土 建屋 修屋	亥巳
五日	木	五時三十九分	七時三十七分	午前○時七分	三時十九分	廿五日	丁亥	土	井	定	四綠	天	婦	宜祭祀祈福移徙會合請願約定入學裁衣 ·忌 結婚式 納人 建屋 修屋 訴訟 安葬	子午
六日	金	五時四十分	七時三十六分	○時五十七分	四時十九分	廿六日	戊子	火	鬼	執	三碧	利	竈	宜佛供裁衣伐木沐浴 ·忌 遠行 移徙 約婚式 結婚式 就任 入水 行船 問病 治病 會合 動土 建屋 立券 安葬	丑未
七日	土	五時四十一分	七時三十五分	一時五十七分	五時十四分	廿七日	己丑	火	柳	執	二黑	安	第	立秋 舊七月節 宜捕魚狩獵殺蟲劑撒布	丑未
八日	㊐	五時四十一分	七時三十四分	三時五分	六時三分	廿八日	庚寅	木	星	破	一白	災	翁	宜破約破碎破屋壞垣手術 ·忌 (月破日) 祈福 遠行 移徙 約婚 結婚式 會合 造成 契約 針灸	丑未
九日	月	五時四十二分	七時三十二分	四時十九分	六時四十六分	廿九日	辛卯	木	張	危	九紫	師	堂	宜祭祀上章入學立券 ·忌 遠行 移徙 結婚式 造醬 入水 行船 登山 安葬	寅申
十日	火	●合朔午後○時八分				初一日	壬辰	水	翼	成	八白	天	婦	宜祈福移徙入宅約婚式上章會合入學服藥納人起造立券交易	酉卯
十一日	水	五時四十四分	七時三十分	六時五十一分	七時五十七分	初二日	癸巳	水	軫	收	七赤	利	竈	宜告祀移徙約婚式結婚式宴會請願治病 ·忌 遠行 動土 訴訟 安葬	酉卯
十二日	木	五時四十五分	七時二十九分	八時五分	八時二十九分	初三日	甲午	金	角	開	六白	安	第	宜斷絶斷煙幼兒斷乳作厠修厠 이날은 伏斷日에 披麻 天狗 등 凶殺로 인해 上記行事 外는 모두 不利	酉卯
十三日	金	五時四十六分	七時二十八分	九時十九分	九時一分	初四日	乙未	金	亢	閉	五黃	災	翁	宜祭祀療病基地建屋閉門塞路立券交易裁衣播種	戌辰
十四日	土	五時四十七分	七時二十七分	十時三十一分	九時三十四分	初五日	丙申	火	氐	建	四綠	師	堂	宜佛供祭祀出行裁衣大清掃播種 ·忌 移徙 結婚式 宴會 動土 建屋 安葬	戌辰
十五日	㊐	五時四十七分	七時二十五分	十一時四十二分	十時十一分	初六日	丁酉	火	房	除	三碧	富	姑	宜祭祀會合宴樂請託上章民願請求定礎上樑午時蓋屋沐浴	戌辰
十六日	月	五時四十八分	七時二十四分	午後○時五十分	十時五十一分	初七日	戊戌	木	心	滿	二黑	殺	夫	吉神 天德合 母倉 黃道 守日 敬安 地德 六儀 天巫日 凶神 天賊 土瘟 水隔 厭對 九空 招搖 水鳴日	亥巳

立秋 午後十一時四十九分 **舊七月節**

日出午前五時四十一分 晝十三時間五十四分

日入午後七時三十五分 夜十時間六分

평균기온

- 서울—二十五度四分
- 전주—二十五度九分
- 포항—二十五度○分
- 목포—二十六度一分
- 강릉—二十四度三分
- 대구—二十五度九分
- 부산—二十五度四分
- 제주—二十五度八分

百中日

日	曜	물때				陰曆	日辰	五行	宿	直	九星	周堂		宜·忌	時
十七日	火	◐上弦午前三時十四分				初八日	己亥	木	尾	平	一白	害	廚	吉神 地啞 相日 普護日 凶神 天罡 獨火 遊火 五虛 長星 山鳴日 黑道 月害 土皇 重日 氷消瓦解日	亥巳
十八日	水	五時十分	七時二十二分	二時五十五分		初九日	庚子	土	箕	定	九紫	天	婦	宜祈福出行移徙入宅請願會合上章起造動土上樑午時立券交易	亥巳
十九日	木	五時五十一分	七時二十分	三時四十九分	午前○時二十八分	初十日	辛丑	土	斗	執	八白	利	竈	吉神 天貴 母倉 地啞 黃道 地德日 凶神 受死 羅網 歸忌 山鳴日 伏斷日	子午
二十日	金	五時五十二分	七時十九分	四時三十五分	一時二十三分	十一日	壬寅	金	牛	破	七赤	安	第	宜破約破碎破屋壞垣手術 이날은 月德 四相 大明 등 吉神이 들었으나 但 月破日이 되어 上記 外 行事는 不利함	丑未
二十一日	土	五時五十三分	七時十八分	五時十四分	二時二十一分	十二日	癸卯	金	女	危	六白	災	翁	宜作厠修厠 吉神 天德 四相 五合 益後 大空亡日 凶神 土府 天吏 致死 劍鋒 水鳴日 伏斷日	丑未
二十二日	㊐	五時五十三分	七時十六分	五時四十八分	三時二十一分	十三日	甲辰	火	虛	成	五黃	師	堂	宜祈福出行移徙約婚式結婚式上章入學會合造成裁衣種播	丑未
二十三日	月	五時五十四分	七時十五分	六時十八分	四時二十分	十四日	乙巳	火	危	收	四綠	富	姑	處暑 舊七月中 宜祭祀移徙結婚式入學上樑午時收金	寅申
處暑 午後二時二十七分 舊七月中														日出午前五時五十四分 晝十三時間二十一分 日入午後七時十五分 夜十時間三十九分	
二十四日	火	五時五十五分	七時十三分	六時四十四分	五時十八分	十五日	丙午	水	室	開	三碧	殺	夫	宜出行上章入學開放出品宣傳造醬伐木播種 •忌 移徙 結婚 祭祀 告祀	寅申
二十五日	水	○望午前二時五分				十六日	丁未	水	壁	閉	二黑	害	廚	宜祭祀佛供求醫療病起造動土閉門塞路 •忌 出行 移徙 宴會 結婚 登山 開業	卯酉
二十六日	木	五時五十七分	七時十一分	七時三十三分	七時十二分	十七日	戊申	土	奎	建	一白	天	婦	宜出行大淸掃上章入學立券交易裁衣伐木 •忌 移徙 結婚式 建屋 修屋	卯酉
二十七日	金	五時五十八分	七時九分	七時五十八分	八時八分	十八日	己酉	土	婁	除	九紫	利	竈	宜祭祀民願提出請願裁衣 •忌 遠行 移徙 約婚式 結婚式 宴會 就任 問病 動土 登山	卯酉
二十八日	土	五時五十八分	七時八分	八時二十四分	九時六分	十九日	庚戌	金	胃	滿	八白	安	第	諸事不宜 吉神 黃道 天貴 母倉 陽德 六儀 天恩 大明 敬安 天巫 守日 凶神 天賊 水隔 九空 伏斷日 土瘟 厭對 招搖 重喪	辰戌
二十九日	㊐	五時五十九分	七時六分	八時五十二分	十時四分	二十日	辛亥	金	昴	平	七赤	災	翁	宜入學請願會合療病 •忌 祈福 出行 移徙 造醬 結婚式 入水 行船 動土 建屋 修屋 開業 安葬	辰戌
三十日	月	六時○分	七時五分	九時二十五分	十一時四分	廿一日	壬子	木	畢	定	六白	師	堂	宜祈福出行移徙約婚式宴會民願請求約定基地定礎立券交易	辰戌
三十一日	火	六時一分	七時一分	十時三分	午後○時五分	廿二日	癸丑	木	觜	執	五黃	富	姑	宜佛供求願收金殺蟲劑撒布 이날은 黃道 天恩 地啞 天德 등의 吉神이 들었으나 受死日로 그 外는 不利	巳亥

농사메모

• **벼농사**=①예찰정보에 따라 모든 병충해를 조기 방제。②물걸러대기。③이삭패기 전 피뽑기。④퇴비증산。 • **밭농사**=①콩의 콩나방 및 진딧물 방제。②논두렁콩 주변에 풀베기。③조생종 고구마를 수확한 뒤 채소심기。 • **경제작물**=①딸기 런너를 채취、오래묵은 포기는 갱신。②가을배추·무 파종。 • **축산**=①사료용 건초를 다량 확보。②각종 가축에 물것이 덤비지 않도록 모기장을 치거나 살충약 살포。 • **잠업**=①가을누에치기할 사육실의 환경(온도 등)을 조절。②순흑파리 방제(디디브이피 천배액)。

이달의 主要略史

• 一日=동성동본부부 혼인신고 접수(一九九七) • 五日=제2대 정부통령 선거(一九五二) • 六日=KAL機 괌에서 추락 二백二十九명 사망(一九九七) • 七日=梁正模 레슬링 종목으로 몬트리올 올림픽에서 해방후 첫 금메달 획득(一九七六) • 九日=손기정 베를린 올림픽에서 마라톤 우승(一九三六) • 황영조 바로셀로나 올림픽에서 마라톤 우승(一九九二) • 十日=한국표준시간 변경、낮 十二시를 十二시 三十분으로 당겨 사용(一九六一) • 十二日=금융실명제 실시(一九九三) • 十三日=윤보선씨 내각제 대통령에 취임(一九六○) • 十五日=日本 패망으로 우리나라는 日帝下에서 해방(一九四五) • 정부수립(一九四八) • 독립기념관 개관(一九八七) • 八·一五 경축행사장에서 박대통령 저격사건으로 육영수 여사 사망(一九七四) • 지하철 1호선 첫 개통(一九七四) • 남북 이산가족 상봉(二○○○) • 十九日=내각제 총리에 장면씨 선출(一九六○)

九月小 三十日

舊曆 自·七月廿三日 至·八月廿三日

八月大

陰遁中元

白	白	碧
白	綠	黑
黃	紫	赤

陽曆	曜日	日出 午前	日入 午後	月出	月入	陰曆	干支	納音五行	二十八宿	二十神	九星	移徙周堂	婚姻周堂	行事宜日 및 不宜日	潮滿
一日	水	六時二分	七時二分	午後十時四十九分	午後一時六分	廿三日	甲寅	水	參	破	四綠	殺	夫	諸事不宜 吉神 五合 解神 驛馬 天后 聖心日 凶神 月破 天隔 月刑 復日 四廢 山鳴 月忌日	巳亥
二日	木	◑下弦午前二時二十二分				廿四日	乙卯	水	井	危	三碧	害	廚	吉神 地啞 五合 益後日 凶神 土府 天吏 致死 四廢 黑道 劍鋒 五虛	巳亥
三日	金	六時四分	六時五十九分		三時二前	廿五日	丙辰	土	鬼	成	二黑	天	婦	宜 祭祀 祈福 佛供移徙入宅約婚式會合請託治療起造動土裁衣	午子
四日	土	六時四分	六時五十八分	午前○時四十五分	三時五十二前	廿六日	丁巳	土	柳	收	一白	利	竈	宜祭祀移徙會合請願收金回收治病動土定礎上樑 午時 沐浴	未丑
五日	㊐	六時五分	六時五十六分	一時五十四分	四時三十七前	廿七日	戊午	火	星	開	九紫	安	第	宜出行開放製品宣傳 · 忌 祭祀 告祀 移徙 結婚式 宴會	未丑
六日	月	六時六分	六時五十五分	三時八分	五時十六分	廿八日	己未	火	張	閉	八白	災	翁	宜幼兒斷乳斷絶斷煙作厠修厠閉門塞路閉鎖之事 (伏斷日 閉日)	未丑
七日	火	六時七分	六時五十三分	四時二十三分	五時五十一分	廿九日	庚申	木	翼	建	七赤	師	堂	宜出行問安大淸掃 · 忌 移徙 結婚式 針灸 動土 建屋 安葬	申寅
八日	水	●合朔午後七時三十分				初一日	辛酉	木	軫	建	六白	安	夫	白露 舊八月節 宜 祭祀 佛供 出行移徙請願上章入學立券	酉卯
九日	木	六時九分	六時五十分	六時五十三分	六時五十七分	初二日	壬戌	水	角	除	五黃	利	姑	宜祈福出行上章入學求醫療病 · 忌 移徙 約婚式 結婚式 登山 納犬 動土 建屋 手術	酉卯
十日	金	六時九分	六時四十九分	八時七分	七時三十一分	初三日	癸亥	水	亢	滿	四綠	天	堂	宜祭祀告祀出行移徙會合請託治病 · 忌 結婚式 訴訟 動土 安葬	酉卯
十一日	土	六時十分	六時四十七分	九時二十一分	八時七分	初四日	甲子	金	氐	平	三碧	害	翁	宜 祭祀 佛供 出行約婚式結婚式民願請求宴會上樑 午時 立券開業	戌辰
十二日	㊐	六時十一分	六時四十五分	十時三十三分	八時四十七分	初五日	乙丑	金	房	定	二黑	殺	第	宜祭祀 佛供 出行約婚式結婚式宴會請願上樑 午時 約定開業 播種	戌辰
十三日	月	六時十二分	六時四十四分	十一時四十二分	九時三十二分	初六日	丙寅	火	心	執	一白	富	竈	宜佛供約婚式結婚式上章入學請託會合起造 定礎 豎柱 造醬 裁衣	戌辰
十四日	火	六時十三分	六時四十二分	午後○時四十六分	十時二十三分	初七日	丁卯	火	尾	破	九紫	師	婦	諸事不宜 吉神 天恩 地啞 黃道 五合 凶神 天賊 月破 披麻 月厭 水鳴 地火 五虛 劍鋒 地囊日	亥巳
十五日	水	◐上弦午後二時五十分				初八日	戊辰	木	箕	危	八白	災	廚	이날은 危日에 月殺 伏斷日이 되어 祈福 遠行 移徙 約婚式 結婚式 上章 入學 民願請求 會合 訴訟 入山 登攀 動土 安葬에 불리	亥巳
十六日	木	六時十四分	六時三十九分	二時三十二分		初九日	己巳	木	斗	成	七赤	安	夫	宜入學結成會合治病蓋屋裁衣伐木播種 · 忌 出行 移徙 婚姻 訴訟 動土 安葬	亥巳

社會福祉의 날 (七日)

白露 午前二時四十五分 舊八月節

日出午前六時八分 晝十二時間四十六分

日入午後六時五十二分 夜十一時間十四分

평균기온

- 서울—二十度三分
- 전주—二十度六分
- 포항—二十度六分
- 목포—二十一度七分
- 강릉—十八度七分
- 대구—二十度五分
- 부산—二十一度六分
- 제주—二十一度七分

十七日	金	鐵道의 날	六時十五分	六時三十八分	三時十四分	午前○時十五分	初十日	庚午	土	牛	收	六白	利	姑	宜佛供出行入宅移徙約婚式結婚式治病請願定礎上樑 午時 造醬	子午
十八日	土		六時十六分	六時三十六分	三時四十九分	一時十五分	十一日	辛未	土	女	開	五黃	天	堂	宜祭祀會合請託立券交易狩獵殺蟲劑撒布 이날은 受死日이 되어 上記行事 外는 不宜함	丑未
十九日	㊐		六時十七分	六時三十五分	四時二十分	二時十四分	十二日	壬申	金	虛	閉	四綠	害	翁	宜 祭祀 祈福 服藥治病閉門塞路閉鎖 • 忌 遠行 移徙 約婚式 結婚式 上章 會合 宣傳 訪問 開業	丑未
二十日	月		六時十八分	六時三十三分	四時四十八分	三時十二分	十三日	癸酉	金	危	建	三碧	殺	第	宜祭祀出行約婚式結婚式大淸掃服藥沐浴播種 • 忌 移徙 宴會 訴訟 建屋	丑未
二十一日	火	秋夕연휴	六時十九分	六時三十二分	五時十三分	四時九分	十四日	甲戌	火	室	除	二黑	富	竈	宜 祭祀 佛供 出行入學求財收金起造立券交易裁衣伐木 • 忌 移徙 婚姻 手術 納犬	寅申
二十二日	水	秋夕	六時十九分	六時三十分	五時三十八分	五時六分	十五日	乙亥	火	壁	滿	一白	師	婦	이날은 秋夕 大名節 公休日이므로 行事의 宜忌를 생략함	寅申
二十三日	木	秋夕연휴	○望午後六時十七分				十六日	丙子	水	奎	平	九紫	災	廚	秋分 舊八月中 宜祈福結婚式上章入學裁衣伐木播種	卯酉
二十四日	金		六時二十一分	六時二十七分	六時二十八分	七時○分	十七日	丁丑	水	婁	定	八白	安	夫	宜祭祀上章會合立券交易裁衣沐浴植木播種 • 忌 移徙 結婚式 訴訟 入水	卯酉
二十五日	土	秋社	六時二十二分	六時二十五分	六時五十六分	七時五十八分	十八日	戊寅	土	胃	執	七赤	利	姑	宜佛供約婚式結婚式納人會合請託定礎上樑 未時 伐木播種	卯酉
二十六日	㊐		六時二十三分	六時二十四分	七時二十八分	八時五十七分	十九日	己卯	土	昴	破	六白	天	堂	百事不宜 吉神 天恩 大明 黃道 五合 凶神 天賊 月破 披麻 月厭 陰差 地火 五虛 劍鋒 短星日	辰戌
二十七日	月		六時二十四分	六時二十二分	八時四分	九時五十八分	二十日	庚辰	金	畢	危	五黃	害	翁	宜祭祀約婚式問安請願會合立券交易 • 忌 遠行 移徙 結婚式 行船 捕魚 登山 手術 針灸 建屋	辰戌
二十八日	火	孔子誕日	六時二十四分	六時二十一分	八時四十七分	十時五十九分	廿一日	辛巳	金	觜	成	四綠	殺	第	宜祈福入學會合治病請願立券交易裁衣播種 • 忌 移徙 結婚式 訴訟 造醬 登山 安葬	辰戌
二十九日	水		六時二十五分	六時十九分	九時三十七分	十一時五十八分	廿二日	壬午	木	參	收	三碧	富	竈	宜 祭祀 祈福 移徙約婚式結婚式請願問安收金回收上樑 申時 立券交易 播種	巳亥
三十日	木		六時二十六分	六時十八分	十時三十五分	午後○時五十四分	廿三日	癸未	木	井	開	二黑	師	婦	諸事不宜 吉神 月恩 四相 母倉 天恩 靑龍 大空亡日 黃道 天赦神日 凶神 受死 天狗 土府 九空 山鳴日 五虛 月忌日 觸水龍日 水鳴日	巳亥

秋分 午後零時九分 舊八月中

日出午前六時二十分 晝十二時間八分

日入午後六時二十八分 夜十一時間五十二分

농사메모

• **벼농사**=①벼멸구 발생 직전에 유의하여 철저히 방제。②이삭팬 뒤 三○~三五일에 물빼기。③참새떼 방지。• **밭농사**=①밀·보리 종자 소독。②보리 가꾸는 요령을 충분히 익혀둠。③보리파종용 밭의 작물을 거둔다。• **경제작물**=①김장채소의 초기관리를 철저히 한다。②고추의 담배나방 등 병충해 방제。③비닐하우스 재배농가는 시설물 보완 및 자재를 사전에 준비。④과수의 병충해 방지를 철저히 하고 가을거름 시용。• **축산**=①젖소의 결핵、부르셀라 검색。②산양종부 및 생후 2~4주된 수돼지 거세。③가을병아리 기르기。• **잠업**=①수확한 누에고치를 공동출하。②뽕나무 왜소지 정리 또는 뽕나무밭 골 사이에 녹비。③잠구소독。

이달의 主要略史

•一日=전두환씨 제十一대 대통령 취임(一九八○) •KAL機 사할린 상공에서 소련 미사일 공격으로 추락됨(一九八三) •二日=한국 三八線으로 남북 분리됨(一九四五) •강우규의사 日총독 저격(一九一九) •六日=女軍 창설(一九五○) •九日=한미행정협정 체결(一九六六) •十一日=美軍政개시(一九四五) •十三日=金益相의사 총독부청사 폭탄 투여(一九二一) •十五日=서울시 특별시로 승격(一九四九) •유엔군 인천상륙(一九五○) •十七日=서울올림픽 개막식(一九八八) •남북한 동시 유엔 가입(一九九一) •十八日=경인선 철도 사상 최초로 개통 운행으로 철도의 날 제정(一八九九) •二十日=제十회 아시아경기대회 서울에서 개막(一九八六) •남북한 최초의 직통전화 가설(一九七一) •二十九日=제十四회 아시아 경기대회 부산에서 개최(二○○二) •三十日=국회 한글전용법안 가결(一九四八)

十月大 三十一日

舊曆 自·八月廿四日 至·九月廿四日

紫	黃	綠
赤	碧	白
黑	白	白

陽曆	曜日	紀念日	日出 午前	日入 午後	月出	月入	陰曆	干支	五行納音	二十八宿	二十神	九星	移徙周堂	婚姻周堂	行事宜日및不宜日	滿潮
一日	金	國軍의 날	◑下弦午後○時五十二分				廿四日	甲申	水	鬼	閉	一白	災	廚	宜閉門塞路作厠斷乳 · 忌(伏斷日·閉日) 祈福 遠行 移徙 約婚式 結婚式 宴會 上章 入水 手術 建屋	巳亥
二日	土	老人의 날	六時二十八分	六時十五分		午後二時三十分	廿五日	乙酉	水	柳	建	九紫	安	夫	宜祭祀佛供 出行移徙入宅大淸掃納人行船伐木播種 · 忌 結婚式 會合 宴樂 安葬	午子
三日	㊐	開天節	六時二十九分	六時十三分	午前○時四十九分	三時十分	廿六日	丙戌	土	星	除	八白	利	姑	宜祭祀出行約婚式上章就任服藥納人上樑時巳 蓋屋裁衣播種	未丑
四日	月		六時三十分	六時十二分	二時○分	三時四十六分	廿七日	丁亥	土	張	滿	七赤	天	堂	宜祭祀祈福 出行會合治病入學賣買 · 忌 移徙 入宅 結婚式 動土 建屋 安葬	未丑
五日	火		六時三十一分	六時十分	三時十三分	四時十九分	廿八日	戊子	火	翼	平	六白	害	翁	宜佛供約婚式民願請求竪柱上樑時申 裁衣伐木沐浴 · 忌 遠行 移徙 婚姻 安葬	未丑
六日	水		六時三十二分	六時九分	四時二十六分	四時五十二分	廿九日	己丑	火	軫	定	五黃	殺	第	宜祭祀祈福 佛供會合契約上章入學服藥裁衣沐浴播種 · 忌 出行 移徙 結婚 訴訟	申寅
七日	木		六時三十二分	六時七分	五時四十分	五時二十五分	三十日	庚寅	木	角	執	四綠	富	竈	宜約婚式結婚式上章入學會合請託起造上樑時未 蓋屋裁衣	申寅
八日	金	在鄕軍人의 날 / 九月小	●合朔午前三時四十四分				初一日	辛卯	木	亢	執	三碧	天	婦	寒露 舊九月節 宜祭祀祈福 出行移徙會合上章立券交易	酉卯
九日	土	한글날	六時三十四分	六時四分	八時八分	六時三十九分	初二日	壬辰	水	氐	破	二黑	利	竈	宜破約破碎破屋壞垣 · 忌 祈福 出行 移徙 約婚式 結婚式 會合 契約 行船 請託 動土 建屋 結成	酉卯
十日	㊐		六時三十五分	六時三分	九時二十一分	七時二十三分	初三日	癸巳	水	房	危	一白	安	第	吉神 黃道 大空亡日 陰德 續世日 凶神 滅沒 土禁 血忌 遊火 伏斷日 人隔 鬼哭 重日 瘟瘽 水鳴日	酉卯
十一日	月		六時三十六分	六時一分	十時二十九分	八時十三分	初四日	甲午	金	心	成	九紫	災	翁	宜祭祀祈福 出行求財收金會合上章服藥治病納財上樑時午 造醬伐木	戌辰
十二日	火		六時三十七分	六時○分	十一時三十一分	九時七分	初五日	乙未	金	尾	收	八白	師	堂	吉神 母倉 大明 地啞 玉宇 玉帝赦日 凶神 月忌日 黑道 河魁 羅網 月刑 氷消瓦解 地破	戌辰
十三日	水		六時三十八分	五時五十九分	午後○時二十五分	十時六分	初六日	丙申	火	箕	開	七赤	富	姑	吉神 天德 月德 天聾 黃道 驛馬 旺日 靑龍 時陽 六儀 天后 金堂日 凶神 天賊 天狗 厭對 招搖	戌辰
十四日	木		六時三十九分	五時五十七分	一時十分	十一時六分	初七日	丁酉	火	斗	閉	六白	殺	夫	宜祭祀服藥定礎上樑時午 蓋屋沐浴閉門塞路 · 忌 出行 移徙 婚姻 會合	亥巳
十五日	金	體育의 날	◐上弦午前六時二十七分				初八日	戊戌	木	牛	建	五黃	害	廚	宜出行上章服藥大淸掃裁衣播種 · 忌 移徙 結婚式 入山 登攀 動土 建屋 開業 安葬	亥巳
十六日	土	文化의 날 / 重陽節	六時四十一分	五時五十四分	二時二十一分	午前○時六分	初九日	己亥	木	女	除	四綠	天	婦	宜祈福出行移徙會合請願問安納人動土基地上樑時午 立券交易	亥巳

寒露 午後六時二十六分

舊九月節

日出午前六時三十三分 日入午後六時 六分

晝十一時間三十三分 夜十二時間二十七分

평균기온

- 서울 — 十三度四分
- 전주 — 十三度九分
- 포항 — 十五度二分
- 목포 — 十六度一分
- 강릉 — 十四度四分
- 대구 — 十四度二分
- 부산 — 十六度六分
- 제주 — 十六度八分

日	曜					陰曆	干支							宜忌		記念日
十七日	(日)	六時 四十二分	五時 五十三分	二時 五十分	一時 五分	初十日	庚子	土	虛	滿	三碧	利	竈	宜幼兒斷乳斷絶斷煙(以上은 效果的) 作厠修厠 이날은 伏斷日이 되어 上記 以外의 行事는 모두 不利함	子午	土王用事
十八日	月	六時 四十三分	五時 五十二分	三時 十六分	二時 二分	十一日	辛丑	土	危	平	二黑	安	第	宜祈福會合請託服藥裁衣播種 • 忌 遠行 移徙 約婚式 結婚式 動土 建屋 造醬 開業	丑未	
十九日	火	六時 四十四分	五時 五十分	三時 四十一分	二時 五十九分	十二日	壬寅	金	室	定	一白	災	翁	諸事不宜 吉神 月空 大明 陰德 時陰 三合 黃道 臨日 五合 大空亡日 凶神 受死 地火 月厭 死氣 九坎 枯焦 水鳴 伏斷日	丑未	
二十日	水	六時 四十五分	五時 四十九分	四時 六分	三時 五十五分	十三日	癸卯	金	壁	執	九紫	師	堂	宜佛供出行移徙會合約婚式入學立券交易裁衣播種 • 忌 結婚式 訴訟 入山 動土	丑未	
二十一日	木	六時 四十五分	五時 四十八分	四時 三十二分	四時 五十二分	十四日	甲辰	火	奎	破	八白	富	姑	宜破約破碎破屋壞垣 이날은 黃道 母倉 大明 등 吉神이 들었으나 但 月破 月忌日이 되어 上記行事 外는 不宜함	寅申	警察의 날
二十二日	金	六時 四十六分	五時 四十六分	四時 五十九分	五時 五十分	十五日	乙巳	火	婁	危	七赤	殺	夫	吉神 大明 黃道 陰德 危日 續世日 凶神 滅沒 土禁 土忌 遊火日 人隔 重日 鬼哭 十惡日	寅申	
二十三日	土	○望午前十時三十六分				十六日	丙午	水	胃	成	六白	害	廚	霜降 舊九月中 宜祭祀出行約婚式會合造醬伐木播種	卯酉	

霜降 午後九時三十五分 舊九月中

日出午前六時四十七分 晝 十時間五十八分

日入午後五時四十五分 夜十三時間二分

日	曜					陰曆	干支							宜忌		記念日
二十四日	(日)	六時 四十八分	五時 四十四分	六時 五分	七時 五十一分	十七日	丁未	水	昴	收	五黃	天	婦	宜收金穀物收穫立券交易伐木 • 忌 遠行 移徙 結婚式 就任 理髮 服藥	卯酉	國際聯合日
二十五日	月	六時 四十九分	五時 四十三分	六時 四十七分	八時 五十二分	十八日	戊申	土	畢	開	四綠	利	竈	吉神 黃道 驛馬 青龍 時陽 六儀 天巫 金堂 旺日 天赦神 凶神 天賊 天狗 厭對 招搖 復日 山鳴日 地鳴日	卯酉	
二十六日	火	六時 五十分	五時 四十一分	七時 三十五分	九時 五十二分	十九日	己酉	土	觜	閉	三碧	安	第	宜幼兒斷乳作厠修厠斷絶斷煙閉門塞路閉鎖 凶神 伏斷 血支 重喪 閉日	辰戌	貯蓄의 날
二十七日	水	六時 五十一分	五時 四十分	八時 三十一分	十時 五十分	二十日	庚戌	金	參	建	二黑	災	翁	宜出行祭祀約婚式結婚式大淸掃上章入學請託 • 忌 移徙 針灸 納犬 建屋	辰戌	
二十八日	木	六時 五十二分	五時 三十九分	九時 三十三分	十一時 四十二分	廿一日	辛亥	金	井	除	一白	師	堂	宜祈福出行移徙入學納人請託上樑未時 蓋屋 • 忌 結婚式 動土 造醬 安葬	辰戌	矯正의 날
二十九日	金	六時 五十三分	五時 三十八分	十時 三十九分	午後〇時 二十八分	廿二日	壬子	木	鬼	滿	九紫	富	姑	宜祈福約婚式上章請託治病立券交易 • 忌 遠行 移徙 結婚式 納畜 入山 動土 就任	巳亥	
三十日	土	◑下弦午後九時四十六分				廿三日	癸丑	木	柳	平	八白	殺	夫	諸事不宜 吉神 母倉 天恩 地啞 福生 凶神 天罡 紅紗 月殺 月虛 山鳴日 滅亡日 月忌日 觸水龍日	巳亥	
三十一日	(日)	六時 五十五分	五時 三十六分		一時 四十五分	廿四日	甲寅	水	星	定	七赤	害	廚	宜佛供入學立券交易裁衣伐木播種捕魚狩獵殺蟲劑撒布	巳亥	

농사메모

• **벼농사**＝①알차게 익은 벼는 베어서 적은 다발로 묶어 세워둠。②벼가 잘 건조된 것은 현장에서 탈곡。 • **밭농사**＝①밀·보리를 늦어도 이달 중순까지 파종완료。②서리 오기 전에 고구마를 수확。③콩 종자를 품질 좋은 것으로 보관。 • **축산**＝①소의 기종저 및 탄저 예방주사。②새끼돼지의 보조사료 먹이기 및 설사병 예방주사 실시。 • **잠업**＝①뽕나무밭 골 사이에 호밀·녹비를 파종。②아고병 흰가루병 방제(캐프탄수화제 1주일 간격 살포)

이달의 主要略史

• 一日＝국군의 날로 공포(一九五六) • 조선총독부 설치(一九一〇) • 대구폭동 일어남(一九四六) • 四日＝姜在求소령 殉職(一九六五) • 七日＝南江 다목적댐 준공(一九六九) • 九日＝버마 아웅산 국립묘지 폭파 사건으로 서석재 부총리 외 十六명 殉職(一九八三) • 十一日＝제물포조약 체결(一八八二) • 十三日＝김대중 대통령 민주화 선봉·한반도 화해·아시아 평화 개선 기여로 노벨평화상 한국인 첫 수상자로 발표(二〇〇〇) • 十五日＝제5대 대통령 선거、박정희 당선(一九六三) • 十六日＝한국군 常綠樹部隊 동티모르 파병(一九九九) • 十七日＝유신헌법 통과(一九七二) • 한강인도교 준공(一九一七) • 十九日＝여·순반란사건 발생(一九四八) • 二十日＝제3차 아시아·유럽 정상회의 서울에서 개최(二〇〇〇) • 二十一日＝대한민국 경찰 창설(一九四五) • 박정희 정권하 三選改憲(一九六九) • 성수대교 붕괴(一九九四) • 二十二日＝개헌안 찬반 국민투표(一九八〇) • 二十六日＝안중근 의사 이등박문 저격(一九〇九) • 박정희 대통령 중앙정보부장인 김재규에게 권총 피살(一九七九) • 二十七日＝대한적십자사 창설(一九四九) • 제5공화국 헌법 공포(一九八〇)

十一月小 三十日

舊曆 自・九月廿五日 至・十月廿五日

白	白	白
紫	黑	綠
黃	赤	碧

十月大

陰遁下元

學生의 날 (三日) · 消防의 날 (九日) · 農業人의 날 (十一日)

陽曆	曜日	日出 午前	日入 午後	月出	月入	陰曆	干支	納音五行	二十八宿	十二神	九星	移徙周堂	婚姻周堂	行事宜日 및 不宜日	潮滿
一日	月	六時五十七分	五時三十四分	午前○時五十七分	午後二時十八分	廿五日	乙卯	水	張	執	六白	天	婦	宜祭祀入學會合請託立券交易裁衣伐木 ・忌 移徙 結婚式 入山 登攀 建屋 動土	午子
二日	火	六時五十八分	五時三十三分	二時八分	二時四十九分	廿六日	丙辰	土	翼	破	五黃	利	竈	宜破約破碎破屋壞垣手術 ・忌 (月破日) 祈福 遠行 移徙 約婚式 結婚式 會合 契約 行船 造成 動土 建屋	未丑
三日	水	六時五十九分	五時三十二分	三時十九分	三時二十一分	廿七日	丁巳	土	軫	危	四綠	安	第	宜祭祀移徙約婚式納財治病 ・忌 遠行 結婚式 納人 手術 採血 入水 行船 動土 基地 安葬	未丑
四日	木	七時○分	五時三十一分	四時三十分	三時三十四分	廿八日	戊午	火	角	成	三碧	災	翁	宜斷絕作厠修厠 吉神 生氣 三合 要安日 凶神 水隔 伏斷日 神號 復日	未丑
五日	金	七時一分	五時三十分	五時四十三分	四時三十一分	廿九日	己未	火	亢	收	二黑	師	堂	吉神 母倉 玉宇 凶神 河魁 地破 羅網 氷消瓦解 月刑 五虛 重喪 復日	申寅
六日	土	●合朔午後一時五十二分				初一日	庚申	木	氐	開	一白	安	夫	吉神 黃道 月恩 天貴 驛馬 金堂 青龍 時陽 六儀 天后 旺日 凶神 天賊 天狗 厭對日 四絕 招搖 水鳴日	酉卯
七日	㊐	七時三分	五時二十八分	八時七分	五時五十九分	初二日	辛酉	木	房	開	九紫	利	姑	立冬 舊十月節 宜祭祀出行服藥納人求財收金立券	酉卯
八日	月	七時四分	五時二十七分	九時十三分	六時五十三分	初三日	壬戌	水	心	閉	八白	天	堂	宜祈福治病裁衣閉門塞路閉鎖 ・忌 遠行 移徙 約婚式 結婚式 會合 宣傳 開業 納犬	酉卯
九日	火	七時五分	五時二十七分	十時十一分	七時五十一分	初四日	癸亥	水	尾	建	七赤	害	翁	宜祈福祭祀出行請願入學上樑午時播種 ・忌 移徙 結婚式 手術 採血 訴訟 問病 建屋 安葬	戌辰
十日	水	七時六分	五時二十六分	十一時二分	八時五十二分	初五日	甲子	金	箕	除	六白	殺	第	宜祭祀祈福出行約婚式上章治病會合納人基地動土立券開業交易	戌辰
十一日	木	七時七分	五時二十五分	十一時四十四分	九時五十三分	初六日	乙丑	金	斗	滿	五黃	富	竈	諸事不宜 吉神 天恩 天德 四相 黃道 玉宇 天巫 守日 天赦神 大空亡日 凶神 天賊 土瘟 歸忌 山隔	戌辰
十二日	金	七時八分	五時二十四分	午後○時二十分	十時五十四分	初七日	丙寅	火	牛	平	四綠	師	婦	宜佛供出行移徙約婚式會合求財請願造醬開業裁衣	亥巳
十三日	土	七時九分	五時二十三分	○時五十分	十一時五十二分	初八日	丁卯	火	女	定	三碧	災	廚	宜幼兒斷乳斷絕斷煙作厠修厠 이날은 天恩 地啞 등 吉神이 들었으나 伏斷日이 되어 上記外 行事 不利	亥巳
十四日	㊐	◐上弦午前一時三十九分				初九日	戊辰	木	虛	執	二黑	安	夫	宜祭祀出行移徙上章請願納人基地定礎上樑巳時 ・忌 結婚式 行船	亥巳
十五日	月	七時十一分	五時二十二分	一時四十三分	午前○時五十分	初十日	己巳	木	危	破	一白	利	姑	宜破屋壞垣 吉神 驛馬 天后 敬安日 凶神 月破 重日	子午
十六日	火	七時十二分	五時二十一分	二時八分	一時四十六分	十一日	庚午	土	室	危	九紫	天	堂	宜佛供出行移徙約婚式結婚式請託會合定礎上樑午時造醬	丑未

立冬 午後九時四十二分

舊十月節

日出午前七時三分　晝十時間二十五分

日入午後五時二十八分　夜十三時間三十五分

평균기온

- 서울—六度三分
- 전주—七度八分
- 포항—九度九分
- 목포—十度三分
- 강릉—八度八分
- 대구—七度八分
- 부산—十一度一分
- 제주—十二度一分

殉國先烈의 날 (十七日)

貿易의 날 (三十日)

日	曜日	潮時 1	潮時 2	潮時 3	潮時 4	陰曆	日辰	納音	宿	直	九星	嫁娶	周堂	宜忌	時
十七日	水	七時十三分	五時二十分	二時三十三分	二時四十二分	十二日	辛未	土	壁	成	八白	害	翁	宜祭祀上章約婚式結婚式會合請託立券交易伐木播種	丑未
十八日	木	七時十四分	五時二十分	三時○分	三時四十分	十三日	壬申	金	奎	收	七赤	殺	第	諸事不宜 吉神 天貴 母倉 大明日 凶神 天罡 受死 地破 獨火 天隔 重喪 土禁 月害 土皇 復日 地鳴日	丑未
十九日	金	七時十五分	五時十九分	三時二十九分	四時三十九分	十四日	癸酉	金	婁	開	六白	富	竈	宜服藥動土蓋屋沐浴播種 •忌 祭祀 祈福 移徙 約婚式 結婚式 訴訟 會合 動土 建築 開業	寅申
二十日	土	七時十七分	五時十八分	四時三分	五時三十九分	十五日	甲戌	火	胃	閉	五黃	師	婦	宜幼兒斷乳斷絶作厠修厠閉門塞路 •忌 (伏斷日) 祈福 遠行 移徙 結婚式 上章 請託 入學 會合	寅申
二十一日	㊐	七時十八分	五時十八分	四時四十三分	六時四十一分	十六日	乙亥	火	昴	建	四綠	災	廚	宜祈福出行約婚式結婚式納人治病起造定礎竪柱裁衣伐木播種	卯酉
二十二日	月	○望午前二時二十七分				十七日	丙子	水	畢	除	三碧	安	夫	小雪 舊十月中 宜祈福出行請託治病立券交易裁衣	卯酉
二十三日	火	七時二十分	五時十七分	六時二十四分	八時四十三分	十八日	丁丑	水	觜	滿	二黑	利	姑	吉神 黃道 大明 天赦神 玉宇 天巫 守日 凶神 天賊 土瘟 歸忌 山隔 九空 地火 月厭 大殺 飛廉殺	卯酉
二十四日	水	七時二十一分	五時十六分	七時二十六分	九時三十七分	十九日	戊寅	土	參	平	一白	天	堂	宜佛供入學出行行船會合動土上樑(巳時)伐木播種 •忌 祭祀 結婚式 移徙 開業	辰戌
二十五日	木	七時二十二分	五時十六分	八時三十二分	十時二十六分	二十日	己卯	土	井	定	九紫	害	翁	宜祭祀出行約婚式會合約定納財動土基地開業伐木裁衣	辰戌
二十六日	金	七時二十三分	五時十六分	九時四十分	十一時九分	廿一日	庚辰	金	鬼	執	八白	殺	第	宜祭祀出行約婚式結婚式會合請願治病求事上樑(申時)立券交易	辰戌
二十七日	土	七時二十四分	五時十五分	十時四十九分	十一時四十六分	廿二日	辛巳	金	柳	破	七赤	富	竈	宜破屋壞垣 吉神 天恩 地啞 驛馬 天后 敬安日 凶神 月破 重日	巳亥
二十八日	㊐	七時二十五分	五時十五分	十一時五十八分	午後○時十九分	廿三日	壬午	木	星	危	六白	師	婦	宜祭祀上章立券交易播種 •忌 遠行 移徙 約婚式 結婚式 建築 入水 行船 登山 手術 開業 安葬	巳亥
二十九日	月	◑下弦午前五時三十六分				廿四日	癸未	木	張	成	五黃	災	廚	宜幼兒斷乳斷絶斷煙始作作厠修厠 이상은 伏斷日이 되어 上記 外의 行事에 限해서 모두 不宜	巳亥
三十日	火	七時二十七分	五時十四分	午前一時七分	一時二十一分	廿五日	甲申	水	翼	收	四綠	安	夫	諸事不宜 吉神 月德 四相 母倉 大明 大空亡日 凶神 天罡 受死 地破 獨火 土皇 天隔 土禁 月害 地鳴日	午子

小雪 午後七時十四分 舊十月中

日出午前七時十九分 晝 九時間五十八分

日入午後五時十七分 夜十四時間二分

농사메모

• **벼농사**∥①벼를 수분함량 十五% 이내가 되도록 건조해서 저장。②순도높은 채종포산이나 시범단지산 종자를 교환。 • **밭농사**∥①밀・보리밭에 첫번째 흙넣기와 보리밭 밟기。②논보리 배수구 정비。③고구마 저장관리。 • **경제작물**∥①김장채소의 수확 저장 및 김장。②비닐하우스에 고추・오이・토마토・상추 등을 재배。③마늘・시금치・딸기밭 보온에 주력。④사과・배・포도 등 과수의 묘목을 재배。 • **축산**∥①모든 축사의 보온시설 설치。②가축 내부의 기생충 박멸。③암퇘지 접종。④석회 볏짚을 먹이로 사용。 • **잠업**∥①뽕나무 가을심기(퇴비를 넣고)。②오갈병이 든 뽕나무는 캐어서 태운다。③뽕나무 버섯을 수확。

이달의 主要略史

• 一日∥독립문 건축 起工(一九〇六) • 韓蘇修交(一九九〇) • 三日∥光州학생운동 일어남(一九二九) • 七日∥한미연합사령부 창설(一九七八) • 十日∥京釜線철도 완공(一九〇四) • 十四日∥湖南~南海間 고속도로 개통(一九七三) • 十五日∥가정의례준칙 확정(一九六八) • 북괴가 판 南侵 땅굴 첫 발견(一九七四) • 十七日∥韓・美상호방위조약 발효(一九五四) • 十八日∥현대 금강호 금강산 관광 첫 출항(一九九八) • 二十一日∥유신헌법 찬반 위한 국민투표 실시(一九七二・통과) • IMF 구제금융 신청(一九九七) • 二十三日∥신의주 학생사건 발발(一九四五) • 二十六日∥제6대 국회의원 선거(一九六三) • 二十七日∥카이로선언(一九四三) • 二十九日∥3선개헌안 부결된 뒤 사사오입법에 의해 헌법개정 통과(一九五四) • 三十日∥서울시내 전차 七十년만에 철거(一九六八)

十二月大 三十一日

舊曆 自·十月廿六日 至·十一月廿六日

紫	黃	赤
白	白	碧
綠	白	黑

- 三日: 消費者의 날
- 五日: 國民教育憲章宣布記念日
- 六日: 十一月小
- 十日: 世界人權宣言日

陽曆	曜日	日出 午前	日入 午後	月出	月入	陰曆	干支	納音五行	二十八宿	二十神	九星	移徙周堂	婚姻周堂	行事宜日 및 不宜日	滿潮
一日	水	七時二十八分	五時十四分	午前二時十六分	午後一時五十三分	廿六日	乙酉	水	軫	開	三碧	利	姑	宜出行請託求職宣傳穿井裁衣伐木播種 •忌 移徙 結婚式 祭祀 會親友	未丑
二日	木	七時二十九分	五時十四分	三時二十六分	二時二十七分	廿七日	丙戌	土	角	閉	二黑	天	堂	宜祭祀約婚式治病服藥蓋屋閉鎖閉門塞路 •忌 出行 移徙 結婚 安葬	未丑
三日	金	七時二十九分	五時十四分	四時三十六分	三時五分	廿八日	丁亥	土	亢	建	一白	害	翁	宜祭祀祈福會合請託出行大淸掃裁衣 •忌 移徙 結婚式 問病 理髮 採血 動土 建屋 安葬	未丑
四日	土	七時三十分	五時十四分	五時四十七分	三時四十八分	廿九日	戊子	火	氐	除	九紫	殺	第	宜佛供約婚式治病民願請求裁衣伐木沐浴 •忌 移徙 結婚式 動土 就任	申寅
五日	㊐	七時三十一分	五時十四分	六時五十四分	四時三十九分	三十日	己丑	火	房	滿	八白	富	竈	吉神 黃道 玉宇 天巫 天赦神 守日 凶神 天賊 土瘟 歸忌 山隔 九空 地火 月厭 大殺 水鳴日	申寅
六日	月	●合朔午前二時三十六分				初一日	庚寅	木	心	平	七赤	天	婦	宜出行上章入學裁衣會合團體結成 •忌 移徙 結婚式 祭祀 祈福 針灸 登山	酉卯
七日	火	七時三十三分	五時十四分	八時五十分	六時三十五分	初二日	辛卯	木	尾	平	六白	利	竈	大雪 舊十一月節 宜祭祀上章入學民願請求捕魚狩獵	酉卯
八日	水	七時三十四分	五時十四分	九時三十七分	七時三十八分	初三日	壬辰	水	箕	定	五黃	安	第	宜斷絶斷煙幼兒斷乳에 效果的 作厠修厠 이날은 伏斷日이 되어 上記外의 行事는 不利	酉卯
九日	木	七時三十五分	五時十四分	十時十六分	八時三十九分	初四日	癸巳	水	斗	執	四綠	災	翁	宜求財請願會合問安立券交易裁衣播種 •忌 出行 移徙 結婚式 訴訟 安葬	戌辰
十日	金	七時三十六分	五時十四分	十時四十九分	九時四十分	初五日	甲午	金	牛	破	三碧	師	堂	萬事不宜 吉神 黃道 月恩 四相 解神 續世 六儀 大空亡日 凶神 天賊 披麻 月破 天火 天隔 血忌 厭對 招搖 月忌日	戌辰
十一日	土	七時三十六分	五時十四分	十一時十八分	十時三十八分	初六日	乙未	金	女	危	二黑	富	姑	宜祭祀祈福移徙約婚式立券交易裁衣播種 •忌 遠行 結婚式 手術 行船 登山 服藥	戌辰
十二日	㊐	七時三十七分	五時十四分	十一時四十四分	十一時三十五分	初七日	丙申	火	虛	成	一白	殺	夫	宜祭祀佛供上章入學結成會合請願宴樂求財上樑巳時 裁衣 伐木 播種	亥巳
十三日	月	◐上弦午後十時五十九分				初八日	丁酉	火	危	收	九紫	害	廚	宜祭祀祈福約婚式結婚式上章會合基地上樑午時 •忌 遠行 移徙 宴會 安葬	亥巳
十四日	火	七時三十八分	五時十四分	午後〇時三十四分	午前〇時三十一分	初九日	戊戌	木	室	開	八白	天	婦	宜上章服藥立券交易裁衣播種 •忌 出行 移徙 結婚式 祭祀 告祀 行船 動土 納犬	亥巳
十五日	水	七時三十九分	五時十五分	一時〇分	一時二十八分	初十日	己亥	木	壁	閉	七赤	利	竈	宜作厠修厠 吉神 天醫 旺日 地啞日 凶神 山隔 遊火 伏斷日 重日 血支 山鳴日	子午
十六日	木	七時四十分	五時十五分	一時二十八分	二時二十五分	十一日	庚子	土	奎	建	六白	安	第	宜出行移徙約婚式結婚式上章就任會合上樑午時 立券交易	丑未

大雪 午後二時三十八分

舊十一月節

日出午前七時三十三分 晝九時間四十一分

日入午後五時十四分 夜十四時間十九分

평균기온

- 서울―영하一度二分
- 전주―一度七分
- 포항―三度四分
- 목포―四度三分
- 강릉―二度四分
- 대구―一度四分
- 부산―五度〇分
- 제주―七度六分

十七日	金	七時四十分	五時十五分	一時五十九分	三時二十五分	十二日	辛丑	土	婁	除	五黃	災	翁	宜祈福出行約婚式結婚式會合請託治病上樑 申時 蓋屋穿井 播種	丑未
十八日	土	七時四十一分	五時十六分	二時三十六分	四時二十六分	十三日	壬寅	金	胃	滿	四綠	師	堂	宜出行移徙入宅約婚式結婚式會合請託起造上樑 未時 播種	丑未
十九日	㊐	七時四十一分	五時十六分	三時二十分	五時二十八分	十四日	癸卯	金	昴	平	三碧	富	姑	宜入學立券交易裁衣民願申請殺蟲劑撒布 •忌 出行 移徙 結婚 安葬	寅申
二十日	月	七時四十二分	五時十六分	四時十二分	六時二十九分	十五日	甲辰	火	畢	定	二黑	殺	夫	宜祈福約婚式上章會合結成約定裁衣 •忌 出行 移徙 訴訟 結婚	寅申
二十一日	火	○望午後五時十三分				十六日	乙巳	火	觜	執	一白	害	廚	宜祭祀納人收金納財上樑 未時 蓋屋 •忌 出行 移徙 結婚式 就任 開業 安葬	卯酉
二十二日	水	七時四十三分	五時十七分	六時十八分	八時二十分	十七日	丙午	水	參	破	九紫	天	婦	冬至 舊十一月中 百事不宜 凶神 天賊 披麻 月破 天火 天隔 四廢 招搖 厭對 五虛 劍鋒日	卯酉
二十三日	木	七時四十四分	五時十八分	七時二十八分	九時六分	十八日	丁未	水	井	危	八白	利	竈	宜祭祀佛供會合約婚式入學立券交易 •忌 遠行 移徙 結婚 入山 登攀 渡江 服藥 手術	卯酉
二十四日	金	七時四十四分	五時十八分	八時三十九分	九時四十六分	十九日	戊申	土	鬼	成	七赤	安	第	宜幼兒斷乳斷絶斷煙作厠修厠 이날은 黃道 月德合 生氣 등 吉神이 있으나 伏斷日로 그 외 不利	辰戌
二十五日	土	七時四十五分	五時十九分	九時五十分	十時二十一分	二十日	己酉	土	柳	收	六白	災	翁	宜祭祀出行約婚式結婚式請願基地上樑 午時 蓋屋裁衣	辰戌
二十六日	㊐	七時四十五分	五時二十分	十時五十九分	十時五十四分	廿一日	庚戌	金	星	開	五黃	師	堂	宜上章入學請願廣告出庫始作 •忌 祭祀 告祀 出行 行船 動土 針灸 納犬 安葬	辰戌
二十七日	月	七時四十五分	五時二十分		十一時二十四分	廿二日	辛亥	金	張	閉	四綠	富	姑	宜療養의 始作閉鎖閉門塞路 •忌 出行 移徙 結婚 上章 會議 入山 手術 採血 造醬 安葬	巳亥
二十八日	火	◑下弦午後一時十八分				廿三日	壬子	木	翼	建	三碧	殺	夫	宜祈福出行約婚式上章就任問安請願立券交易 •忌 移徙 結婚 建屋 登山	巳亥
二十九日	水	七時四十六分	五時二十二分	午前十一時十七分	午後○時二十八分	廿四日	癸丑	木	軫	除	二黑	害	廚	宜佛供出行會合約婚式結婚式行船治病請願上樑 巳時 播種	巳亥
三十日	木	七時四十六分	五時二十二分	二時二十六分	一時四分	廿五日	甲寅	水	角	滿	一白	天	婦	宜佛供出行移徙入宅上章入學會合約婚式立券交易納財播種	午子
三十一日	金	七時四十七分	五時二十三分	三時三十五分	一時四十四分	廿六日	乙卯	水	亢	平	九紫	利	竈	宜祭祀入學立券交易裁衣狩獵殺蟲劑撒布 受死日이 되어 그 外는 不宜함	未丑

基督誕辰日 (二十五日)

冬至 午前八時三十八分 舊十一月中

日出午前七時四十三分 晝 九時間三十四分

日入午後五時 十七分 夜十四時間二十六分

농사메모

• **벼농사**＝①중점토 및 염해지는 가을갈이 실시。②질흙함량 十% 미만인 사토나 추락탑에 객토(客土)。 • **밭농사**＝①밀·보리에 왕겨나 썩은 짚·퇴비·두엄 등을 덮어 동해(凍害)를 방지。②고구마·감자의 습도관리。 • **경제작물**＝①비닐하우스내 보온 조절。②월동 채소에 짚이나 두엄 등을 덮어둔다。③과실 저장고의 온도 습도 관리。 • **축산**＝①닭의 뉴캐슬병 예방주사。②사료의 칼슘·무기질 등의 부족방지에 유의。 • **잠업**＝①부족한 잠구를 제조하고 망가진 잠구는 수리。②새마을 영농교육에 참여 잠업기술 익힘。

이달의 主要略史

•二日＝大淸다목적댐 준공(一九八〇) •한글학회 창립(一九一一) •四日＝郵政局 창설(一八八四) •제十四대 대통령 선거(一九九二·김영삼씨 당선) •제十五대 대통령 선거(一九九七·김대중씨 당선) •남산2호터널 개통(一九七〇) •六日＝대의원 제十대 대통령에 최규하씨 선출(一九七九) •九日＝상해 임시정부 일본에 선전포고(一九四一) •十日＝김대중 대통령 노르웨이 오슬로에서 노벨평화상 수상(二〇〇〇) •十一日＝KAL機 납북(一九六九) •十二日＝UN 한국 승인(一九四八) •제十대 국회의원 선거(一九七八) •十六日＝제十三대 대통령 선거(一九八七·노태우씨 당선) •十七日＝제5대 대통령에 박정희씨 취임으로 제3공화국 출범(一九六三) •十九日＝윤봉길의사 순국(一九三二) •제十六대 대통령선거(二〇〇二·노무현씨 당선) •二十一日＝최규하씨 제十대 대통령 취임(一九七九) •二十三日＝統代의원 제8대 대통령에 박정희씨 선출(一九七二) •二十四日＝二·四파동(一九五八) •三十日＝호남고속도로 개통(一九七〇)

(2011年) 一月大 三十一日

舊曆 自·前年十一月廿七日 至 十二月廿八日

新正日 (1日)　十二月大 (4日)　陽遁上元　臘享 (16日)

白	綠	白
赤	紫	黑
碧	黃	白

陽曆	曜日	日出 午前	日入 午後	月出	月入	陰曆	干支	納音五行	二十八宿	十二神	九星	移徙周堂	婚姻周堂	行事宜日및不宜日	滿潮
一日	土					廿七日	丙辰	土	氐	定	八白	安	第	宜祭祀祈福佛供入宅約婚式結婚式會合約定	未丑
二日	㊐					廿八日	丁巳	土	房	執	七赤	災	翁	宜幼兒斷乳斷絶作厠修厠斷煙 이날은 天德 月德合 등 吉神이 臨하였으나 伏斷日이 되어 이 外는 不利함	未丑
三日	月					廿九日	戊午	火	心	破	六白	師	堂	諸事不宜 吉神 黃道 解神 六儀 續世 陽德日 凶神 天賊 月破 披麻 天火 五虛 天隔 血忌 厭對 招搖 劍鋒	申寅
四日	火					初一日	己未	火	尾	危	五黃	安	夫	吉神 要安日 凶神 黑道 危日 獨火 月殺 水鳴日 月害 月虛 四隔 土皇 滅亡日	酉卯
五日	水					初二日	庚申	木	箕	成	四綠	利	姑	宜出行移徙就任入學會合請託契約結成立券交易裁衣伐木	酉卯
六日	木					初三日	辛酉	木	斗	成	三碧	天	堂	小寒 舊十二月節 宜上章入學會合請託立券交易捕魚	酉卯
小寒						舊十二月節									
七日	金					初四日	壬戌	水	牛	收	二黑	害	翁	宜祈福收金求醫療病 ·忌 遠行 移徙 結婚式 納犬 開業 築堤防	戌辰
八日	土					初五日	癸亥	水	女	開	一白	殺	第	宜斷絶斷煙幼兒斷乳 이날은 비록 月財 月空 天醫 등 吉神이 많이 들었으나 但 伏斷日이 되어 上記 外 行事는 不利	戌辰
九日	㊐					初六日	甲子	金	虛	閉	一白	富	竈	吉神 月財 天恩 天願 天赦 續世 月空 四相 天醫 六合 官日 凶神 歸忌 水隔 血忌 血支 伏斷日 土府 天吏 致死 轉殺 反支	戌辰
十日	月					初七日	乙丑	金	危	建	二黑	師	婦	宜祭祀佛供約婚式上章問安請願會合起造求人造醬開業裁衣	亥巳
十一日	火					初八日	丙寅	火	室	除	三碧	災	廚	宜佛供出行約婚式結婚式會合請願納人行船造醬開業裁衣	亥巳
十二日	水					初九日	丁卯	火	壁	滿	四綠	安	夫	宜祭祀出行移徙入宅民願申請約婚式基地上樑 午時 造醬開業	亥巳
十三日	木					初十日	戊辰	木	奎	平	五黃	利	姑	吉神 天恩 天聾 凶神 黑道 河魁 天隔 月殺 五墓 月虛 復日 氷消瓦解	子午
十四日	金					十一日	己巳	木	婁	定	六白	天	堂	宜作厠修厠 ·忌(伏斷日) 告祀 出行 移徙 約婚式 結婚式 上章 請託 訪問 入水 行船 訴訟 開業 建築 安葬	丑未
十五日	土					十二日	庚午	土	胃	執	七赤	害	翁	宜佛供出行結婚式問安敬老行事造醬伐木播種 ·忌 移徙 動土 建屋 針灸	丑未
十六日	㊐					十三日	辛未	土	昴	破	八白	殺	第	宜破約破碎破屋壞垣手術 ·忌(月破日) 告祀 出行 移徙 約婚 結婚 造成 請託 契約 建築 造醬 服藥	丑未

평균기온

- 서울－영하四度九分
- 전주－영하一度七分
- 포항－○度六分
- 목포－一度○分
- 강릉－영하一度○分
- 대구－영하一度六分
- 부산－一度八分
- 제주－四度八分

土王用事

大寒 舊十二月中

양력	요일	음력	干支	五行	宿	直	九星			宜·忌	
十七日	月	十四日	壬申	金	畢	危	九紫	富	竈	宜祭祀上章會合請託求財 ·忌 遠行(月忌日)移徙 結婚式 就任 動土 基地 開業 築堤防	寅申
十八日	火	十五日	癸酉	金	觜	成	一白	師	婦	諸事不宜 吉神 黃道 五富 福生 母倉 大明 陽德 凶神 受死 天火 天獄 伏斷日 山隔 大殺 神號 飛廉殺	寅申
十九日	水	十六日	甲戌	火	参	收	二黑	災	廚	宜祭祀佛供會合請託立券交易裁衣伐木 ·忌 遠行 移徙 結婚 宴會 訴訟 納犬	酉卯
二十日	木	十七日	乙亥	火	井	開	三碧	安	夫	大寒 舊十二月中 吉神 黃道 驛馬 天德合 益後 天后 月德合 凶神 天賊 天狗 地火 月厭 重日 水鳴	酉卯
二十一日	金	十八日	丙子	水	鬼	閉	四綠	利	姑	宜立券裁衣播種閉門塞路 ·忌 遠行 移徙 入宅 結婚式 入水 手術 動土 開業	酉卯
二十二日	土	十九日	丁丑	水	柳	建	五黃	天	堂	宜敬老行事大淸掃服藥立券交易裁衣沐浴 ·忌 遠行 移徙 結婚 起造	戌辰
二十三日	日	二十日	戊寅	土	星	除	六白	害	翁	宜佛供出行約婚式結婚式會合請託定礎開業 ·忌 祭祀 告祀 移徙 安葬	戌辰
二十四日	月	廿一日	己卯	土	張	滿	七赤	殺	第	宜祭祀出行民願提出會合開業伐木裁衣 ·忌 移徙 結婚 問病 動土 登山 安葬	戌辰
二十五日	火	廿二日	庚辰	金	翼	平	八白	富	竈	宜祭祀立券交易請願 ·忌 遠行 移徙 結婚式 開業 針灸 行船 動土 建屋 上樑 開業	亥巳
二十六日	水	廿三日	辛巳	金	軫	定	九紫	師	婦	宜入學會合約定立券交易裁衣播種 ·忌 遠行 移徙 結婚 造醬 行船 登山 建屋 安葬	亥巳
二十七日	木	廿四日	壬午	木	角	執	一白	災	廚	宜幼兒斷乳斷絶斷煙作厠修厠 이날은 天恩 大明 등 吉神이 있으나 但 伏斷日이 되어 上記 外는 不宜	亥巳
二十八日	金	廿五日	癸未	木	亢	破	二黑	安	夫	宜破約破碎破屋壞垣手術 · 이날은 月破日이 되어 上記行事에만 無妨하고 그 外는 모두 不利함	子午
二十九日	土	廿六日	甲申	水	氐	危	三碧	利	姑	宜祭祀出行移徙入宅約婚式結婚式求財立券交易開業裁衣	丑未
三十日	日	廿七日	乙酉	水	房	成	四綠	天	堂	宜祭祀會合請託裁衣捕魚殺蟲劑撒布 ·忌 遠行 移徙 結婚式 宴會 訴訟 起造	丑未
三十一日	月	廿八日	丙戌	土	心	收	五黃	害	翁	宜祭祀出行收金在庫品回收還家 ·忌 移徙 結婚式 放出 修竈 納犬 開業 動土 建築	丑未

世界各地標準時

大韓民國 正午十二時	
午後三時○分	뉴질랜드·캄차카半島·마샬群島
午前十一時○分	중국東部(中原時) 대만·필리핀·홍콩·호주西部
午前十時○分	중국中部(隴蜀時) 베트남·태국·말레이반도
午前八時三十分	중국極西部(崑崙時) 인도·세이론島
午前六時○分	소련(동경四十도 以西) 이라크
午前五時○分	유럽東部標準時 그리스·터키·이집트·시리아
午前四時○分	유럽中部標準時 스웨덴·노르웨이·덴마크·독일·이탈리아
午前三時○分	그리니치 세계표준시 영국·프랑스·스페인·포르투갈
前日 午後十時○分	美國東部標準時 워싱턴·뉴욕 파나마·캐나다一部
前日 午後九時○分	美國中部標準時 시카고·과테말라 멕시코 東部
前日 午後七時○分	美國태평양標準時 미국西部 멕시코 西部
前日 午後五時○分	布哇·크리스마스섬·알래스카 一部

韓國 標準時子午線 東經一三五度

儀禮書式

• 부조금(皮封에 쓰는 글씨)

○婚姻＝賀儀 華燭儀 蕪儀 巹儀 醮儀
○回甲＝壽儀 祝儀 崇義 晬儀
○初喪＝賻儀 吊儀 謹吊(花環에만 쓴다)
○小祥 및 大祥＝奠儀 香燭代 혹은 微儀
○正月＝歲儀 ○秋夕＝節儀
○送別(旅費를 봉투에 넣고)＝贐儀 餞儀
○普通時＝芹儀 菲儀 蕪儀 菲品(物品) 薄儀

• 短句賀頌(짧은 글로 賀禮 및 人事)

○新年＝謹賀新年 恭賀新年 恭賀新禧
○春令＝順頌春祺 ○夏令＝敬頌暑安
○秋令＝肅頌秋祺 ○冬令＝仰頌冬安
○壽宴＝恭賀壽祺 ○客中＝拜頌旅安
○疾病＝拜頌調安 ○學徒＝順頌課安
○慶賀＝恭賀慶福

• 銘旌(명정) **쓰는 法**

만약 벼슬이 있는 경우는 「學生」을 고쳐 벼슬이름(예 : 郡守 혹은 判事 등)을 쓰고, 여자는 남편이 벼슬했으면 「孺人」을 「郡守夫人」 등의 예로 쓴다。

학생전주이공지구
學生全州李公之柩
유인김해김씨지구
孺人金海金氏之柩
(벼슬이 없을 때)

군수풍천임공지구
郡守豊川任公之柩
군수부인밀양박씨지구
郡守夫人密陽朴氏之柩
(벼슬이 있을 때)

• 紙榜(지방) **쓰는 法**

현비유인김해김씨신위
현고학생부군신위
顯妣孺人金海金氏神位
顯考學生府君神位
(부모지방)

현조비유인해평윤씨신위
현조고학생부군신위
顯祖妣孺人海平尹氏神位
顯祖考學生府君神位
(조부모지방)

현벽학생부군신위
顯辟學生府君神位
(남편지방)

고실유인경주최씨신위
故室孺人慶州崔氏神位
(아내지방)

紙榜도 學生이나 孺人을 벼슬이 있으면 벼슬이름으로 고쳐 쓴다。

• 發靷祝(발인축)

상여나 영구차가 출발할 때 葬禮儀式을 行하고 이 祝을 읽는다。

영이기가 왕즉유택 재진견례 영결종천
靈輀旣駕 往則幽宅 載陳遣禮 永訣終天

• 祭主祝(一名 平土祭祝)

무덤을 다 쓰고(平土한 뒤) 祭를 지내면서 이 祝을 읽는다。

維歲次庚寅①五月②癸巳③朔初五日④丁酉⑤
孤子⑥ ○○⑦ 敢昭告于
顯考⑧學生⑨府君 形歸窀穸(둔석)
神返室堂 神主⑩未成 魂帛⑪仍存 捨舊⑫從新
是憑是依

「설명」 ①은 그 해의 干支(太歲) ②는 葬月、③은 葬月의 初一日 干支、④는 葬日、⑤는 葬日의 干支、⑥母喪이면 哀子、父가 먼저 死亡한 경우는 孤哀子、⑦은 喪

主名、⑧모친이면 顯妣、⑨모친이면 孺人 某貫某氏(벼슬이 있으면 벼슬이름) ⑩神主가 없을 경우、⑪魂帛이 없이 寫眞만 있으면 影本寫奉、⑫神主가 있으면 魂帛을 묻고 神主를 奉安할 때 이 文句를 쓰는데 지금은 혹 魂帛을 묻고 사진만 奉安하면서 쓰는 예가 있다。

또 요즈음 보면 魂帛이 없는 경우도 많다。魂帛마저 없으면 ⑩과 ⑪ 이하를 「神主·魂帛未成 影本寫奉 是憑是依」라 써야 될 것 같다。

● 虞祭祝(우제축)

維歲次庚寅五月癸巳朔初五日丁酉
孤子○○敢昭告于
顯考學生府君 日月不居 奄及初虞(再虞면 再虞 三虞면 三虞라 고쳐 쓴다) 夙興夜處 哀慕不寧、謹以淸酌庶羞 哀薦祫事(再虞면 虞事、三虞면 成事로 쓴다) 尙
饗(원칙상 饗字는 위로 올려 쓴다)

〔참고〕: 등이 표시된 부분은 祭主祝의 例로 변통하여 쓰면 된다。

● 四十九齋祝

얼마 전부터 가정의례준칙이 公表 시행되고 있는데 이로 인한 영향도 있거니와 시대의 흐름에 따라서인지 三年喪을 치르는 이가 거의 없고 대개 四十九齋라는 명분으로 궤연상을 철수하고 있다。 그런데 四十九齋를 가정에서 지낼 경우 祝이 없다。 그래서 四十九齋祝을 몇 자만 고쳐 대신할 수 있도록 하였는데 외람된 생각은 드나 여러분의 편의를 도모하고자 소개하는 바이니 이해하기 바란다。

維歲次庚寅七月壬辰朔十四日乙巳
孝子○○敢昭告于
顯考學生府君(혹은 顯妣孺人金海金氏)日月不居 奄及四十九齋 夙興夜處 哀慕不寧 謹以淸酌庶羞 哀薦四十九齋 尙
饗

● 忌祭祝(父母忌日祝으로 例를 든다)

維歲次庚寅八月辛酉朔十五日乙亥
孝子○○敢昭告于
顯考學生府君
顯妣孺人忠州朴氏 歲序遷易
顯考(모친 忌日이면 顯妣) 諱日復臨 追遠感時 昊天罔極(祖父母 이상부터는 不勝永慕로 고쳐 쓴다) 謹以淸酌庶羞(餠이 없으면 庶羞를 빼고 脯醢 혹은 酒果) 恭伸奠獻
尙 饗

● 祭祝 節次

이 祭祀節次는 禮文에서 많이 省略하였음을(便宜上) 일러둔다。 그리고 虞祭·小大祥도 같은 節次인데 단 虞祭와 小大祥은 祭酒할 때 술잔을 位前에 올렸다가 내리지 않고 그 참 祭主해서 올린다。 이점만이 다르다。

降神(강신)―主人은 먼저 焚香하고 再拜한다。곧 이어 술잔에 술을 반쯤 따라 茅沙(모사、즉 모토)에 세 번 기울여 다 따라 없애고 또 再拜한다。

參神(참신)―一同은 다 같이 再拜한다。

初獻(초헌)―考妣位 前에 미리 올려 놓았던 빈 술잔을 내려 가득히 부어 位前에 올렸다가 다시 내려 茅沙에 조금씩 세 번 기울인 다음(술은 남아야 한다) 位前에 올리고、메 뚜껑을 연 후 모두 꿇어앉아 祝官은 祝을 읽는다。祝이 끝나면 주인은 再拜한다。(一同 일어선다)

亞獻(아헌)―位前의 잔을 내려 退酒 그릇에다 비우고 올린 炙을 내린 뒤 亞獻官은 初獻의 절차와 같이 하되 단 개 열고 祝 읽는 절차만 없다。

終獻(종헌)―亞獻의 절차와 같고 다만 술잔과 炙을 그대로 놓아 둔다。

侑食(유식)―添酌하고、수저 꽂고 正筯하고、主人은 再拜한다。

闔門(합문)―一同 문을 닫고 밖으로 나간다。

啓門(계문)―五·六분간 기다렸다가 門을 열고 들어선다。

進茶(진다)―국그릇을 내리고 대신 숭늉(물)을 올린 뒤 수저로 메를 조금씩 떠서 숭늉에 세차례 만 다음 잠시 후 메 뚜껑을 덮고、수저를 거두어 시접 위에 놓는다。

辭神(사신)―一同 再拜한다。

六甲常識

• 干支

天干과 地支를 합칭 干支라 하는데 天干에는 十干이 있고 地支에는 十二支가 있다。다음과 같다。

天干(十　干)＝甲乙丙丁戊己庚辛壬癸

地支(十二支)＝子丑寅卯辰巳午未申酉戌亥

또 天干과 地支에는 음양이 있다。

陽干＝**甲丙戊庚壬**　陽支＝**子寅辰午申戌**

陰干＝**乙丁己辛癸**　陰支＝**丑卯巳未酉亥**

• 六十甲子

干과 支를 上下로 각각 배합하면 六十가지가 나오는데 陽干은 陽支와 陰干은 陰支와 배합된다。다음은 六十甲子의 명칭과 순서다。

甲子	乙丑	丙寅	丁卯	戊辰	己巳	庚午	辛未	壬申	癸酉
甲戌	乙亥	丙子	丁丑	戊寅	己卯	庚辰	辛巳	壬午	癸未
甲申	乙酉	丙戌	丁亥	戊子	己丑	庚寅	辛卯	壬辰	癸巳
甲午	乙未	丙申	丁酉	戊戌	己亥	庚子	辛丑	壬寅	癸卯
甲辰	乙巳	丙午	丁未	戊申	己酉	庚戌	辛亥	壬子	癸丑
甲寅	乙卯	丙辰	丁巳	戊午	己未	庚申	辛酉	壬戌	癸亥

• 五行所屬

五行＝木 火 土 金 水

干支＝甲乙寅卯**木**、丙丁巳午**火**、戊己辰戌丑未**土**、庚辛申酉**金**、壬癸亥子**水**

節氣＝春(寅卯月)木 夏(巳午月)火 秋(申酉月)金 冬(亥子月)水 四季(辰戌丑未月)土

方位＝東方木、南方火、西方金、北方水、中央土

色＝青色木、赤色火、黃色土、白色金、黑色水

• 干支의 合과 冲

干合＝甲己合土 乙庚合金 丙辛合水 丁壬合木 戊癸合火

干冲＝甲庚冲 乙辛冲 丙壬冲 丁癸冲 戊己冲

三合＝申子辰合水 巳酉丑合金 寅午戌合火 亥卯未合木

六合＝子丑合土 寅亥合木 卯戌合火 辰酉合金 巳申合水 午未合(五行은 不變)

支冲＝子午冲 丑未冲 寅申冲 卯酉冲 辰戌冲 巳亥冲

• 刑·破·害·怨嗔

支刑＝寅巳申三刑(寅刑巳 巳刑申 申刑寅) 丑戌未三刑(丑刑戌 戌刑未 未刑丑) 子卯相刑(子刑卯 卯刑子) 辰午酉亥自刑(辰辰 午午 酉酉 亥亥끼리 刑)

支破＝子—酉、丑—辰、寅—亥、卯—午、巳—申、戌—未

六害＝子—未、丑—午、寅—巳、卯—辰、申—亥、酉—戌

怨嗔＝子—未、丑—午、寅—酉、卯—申、辰—亥、巳—戌

• 神 殺

建祿＝甲祿寅 乙祿卯 丙戊祿巳 丁己祿午 庚祿申 辛祿酉 壬祿亥 癸祿子

天乙貴人＝甲戊庚日—丑未、乙己日—子申 丙丁日—亥酉、辛日—寅午、壬癸日—巳卯

驛馬＝申子辰年—寅 巳酉丑年—亥 寅午戌年—申 亥卯未年—巳

孤寡殺＝亥子丑生—寅戌 寅卯辰生—巳丑 巳午未生—申辰 申酉戌生—亥未

桃花＝申子辰生—酉 寅午戌生—卯 巳酉丑生—午 亥卯未生—子

劫殺＝申子辰—巳 巳酉丑—寅 寅午戌—亥 亥卯未—申

三奇＝甲戊庚全 乙丙丁全 壬癸辛全

六秀＝戊子 己丑 丙午 丁未 戊午 己未日

天赦＝春—戊寅日 夏—甲午日 秋—戊申日 冬—甲子日

魁罡＝庚辰 庚戌 壬辰 壬戌

空亡＝甲子旬中戌亥空 甲戌旬中申酉空 甲申旬中午未空 甲午旬中辰巳空 甲辰旬中寅卯空 甲寅旬中子丑空

• 五行生克

相生＝木生火 火生土 土生金 金生水 水生木

相克＝木克土 土克水 水克火 火克金 金克木

● 三災入命

三災＝申子辰生－寅卯辰年、巳酉丑生－亥子丑年、寅午戌生－申酉戌年、亥卯未生－巳午未年

六神＝甲乙日－青龍、丙丁日－朱雀、戊日－句陳、己日－螣蛇、庚辛日－白虎、壬癸日－玄武

● 遁月法(月建 돌려짚는 法)

甲己年丙寅頭 乙庚年戊寅頭 丙辛年庚寅頭 丁壬年壬寅頭 戊癸年甲寅頭

● 遁時法(時의 干支를 아는 法)

甲己日甲子時、乙庚日丙子時、丙辛日戊子時、丁壬日庚子時、戊癸日壬子時

● 六親法

生我者父母 我生者子孫 克我者官鬼 我克者妻財 比和者兄弟(또는 生我者印綬 我生者食傷、克我者官殺 我克者妻財 比和者比劫)

六親은 生日의 日干으로 年月日時 干支와의 음양과 生克比和 관계로 정해진다。

比肩＝日干과 五行이 같고 음양도 같은 干支(예 甲日見甲・寅)

劫財＝日干과 五行이 같으나 음양이 다른 干支(예 甲日見乙・卯)

食神＝日干이 生하는 干支로 음양이 같은 것(예 甲日見丙・巳)

傷官＝日干이 生하는 干支로 음양이 다른 것(예 甲日見丁・午)

偏財＝日干이 克하는 干支로 음양이 같은 것(예 甲日見戊・辰戌)

正財＝日干이 克하는 干支로 음양이 다른 것(예 甲日見己・丑未)

偏官＝日干을 克하는 干支로 음양이 같은 것(예 甲日見庚・申)

正官＝日干을 克하는 干支로 음양이 다른 것(예 甲日見辛・酉)

偏印＝日干을 生하는 干支로 음양이 같은 것(예 甲日見壬・亥)

正印＝日干을 生하는 干支로 음양이 다른 것(예 甲日見癸・子)

단 亥子와 巳午는 藏干正氣를 爲主하므로 巳・亥를 양、子・午를 음으로 음양을 바꾸어 六親을 정해야 한다。

比肩・劫財를 比劫、食神・傷官을 食傷、偏官正官을 官殺、偏印・正印을 印綬라 합칭하며 偏官을 七殺、偏印을 倒食 또는 梟神殺이라고도 한다。

● 地支暗藏(藏干・暗干)

子－癸、丑－己辛癸、寅－甲丙戊、卯－乙、辰－戊癸乙、巳－丙庚戊、午－丁己、未－己乙丁、申－庚壬戊、酉－辛、戌－戊丁辛、亥－壬甲이 暗藏되었다。

男女宮合法

● 金은 火의 克을 꺼리나 단 沙中金・劍鋒金은 火를 만나야 형체를 이루고 ● 火는 水의 克을 꺼리나 단 霹靂火・天上火・山下火는 水를 얻어야 福祿이 이르고、● 木은 金의 克을 꺼리나 단 平地木은 金이 없으면 榮華를 얻지 못하고、● 水는 土의 克을 꺼리나 단 天河水・大海水는 土를 만나야 자연히 亨通하고、● 土는 木의 克을 꺼리나 단 路傍土・大驛土・沙中土는 木이 아니면 平生이 不幸하다。(이는 五行이 克을 받더라도 도리어 吉해지는 妙理이다)

⊙ 六十甲子(生年으로) **納音五行**

- 甲子 乙丑 海中金
- 丙寅 丁卯 爐中火
- 戊辰 己巳 大林木
- 庚午 辛未 路傍土
- 壬申 癸酉 劍鋒金
- 甲戌 乙亥 山頭火
- 丙子 丁丑 澗下水
- 戊寅 己卯 城頭土
- 庚辰 辛巳 白鑞金
- 壬午 癸未 楊柳木
- 甲申 乙酉 泉中水
- 丙戌 丁亥 屋上土
- 戊子 己丑 霹靂火
- 庚寅 辛卯 松柏木
- 壬辰 癸巳 長流水
- 甲午 乙未 沙中金
- 丙申 丁酉 山下火
- 戊戌 己亥 平地木
- 庚子 辛丑 壁上土
- 壬寅 癸卯 金箔金
- 甲辰 乙巳 覆燈火
- 丙午 丁未 天河水
- 戊申 己酉 大驛土
- 庚戌 辛亥 釵釧金
- 壬子 癸丑 桑柘木
- 甲寅 乙卯 大溪水
- 丙辰 丁巳 沙中土
- 戊午 己未 天上火
- 庚申 辛酉 石榴木
- 壬戌 癸亥 大海水

① 納音五行(生年)으로 보는 宮合

男金女金=길흉이 많으니 빈한한 상이라 부부의 정이 없고 자손은 창성하나 덕이 없으며 형제 불화하고 패가망신하리라。

男金女木=금극목하니 만사에 구설이 분분하도다。 패망지격이요 자손이 불화하고 가도가 쇠잔하여 재물이 궁핍하리라。

男金女水=금생수하니 부귀복록이 많고 가도가 넉넉하고 자손이 영귀하여 명망이 높으며 부부간에 금슬이 좋으리라。

男金女火=화극금이니 백년을 근심할 격이라 재산이 점점 사라질 것이요、 부부 이별수 있고 자손운도 불길하리라。

男金女土=금토가 상생하니 부귀공명지격이로다。 자손이 번성하고 노비전답이 즐비하며 거룩한 이름이 진동하리라。

男木女金=금극목하니 불길하다。 부부 해로하기 어렵고 일생 곤궁하며 자손이 창성치 못하고 재앙이 간간 침노하리라。

男木女木=평생에 길흉이 상반한다。 부부 화락하여 생남생녀하고 간간 성패수로 재물은 못 모으나 궁색은 면하리라。

男木女水=수생목하니 부부 금슬이 지극하다。 자손이 효도하고 친척이 화목하며 복록이 무궁하여 부귀장수하리라。

男木女火=목생화하니 자손이 만당하고 금슬이 화락하도다。 일생을 금의옥식할 것이요、 만인의 숭앙을 받게 되리라。

男木女土=목극토하니 부부 금슬이 불화하도다。 친척이 불목하고 자손이 불효하며 패가망신하리라。

男水女金=금생수하니 부귀 겸비하고 자손이 창성한다。 생애가 즐겁고 친척이 화목하며、 노비전답이 많으리라。

男水女木=수생목하니 부귀지격이로다。 부부 금슬이 중하고 일가가 화순하며 노비전답이 즐비하리라。

男水女水=양수가 상합하니 재산이 흥왕하며 영화가 무궁하고 공명을 얻고 자손이 만당하니 일생 태평하리라。

男水女火=수화가 상극하니 부부 불합하고 자손이 불효하며 일가 친척이 화목치 못하여 자연히 패가하리라。

男水女土=수토가 상극하니 금슬이 불화하고 자손이 불효하여 가도가 자연 패하고 재물이 부족하며 부부 이별하리라。

男火女金=화극금하니 매사가 막히고 자손궁이 좋지 못하도다。 인륜이 어지러워지고 재물이 흩어지리라。

男火女木=목생화하니 만사대길하다。 부부화합하고 자손이 효도하며 부귀의 이름이 사방에 진동하리라。

男火女水=수극화하니 만사가 대흉하도다。 상부 상처할 것이요、 일가 친척이 화목치 못하고 재물이 자연 사라지리라。

男火女火=양화가 서로 만나니 길한 것이 없고 흉한 것이 많도다。 재물이 부족하고 부부 불화하며 화재수 있으리라。

男火女土=화생토하니 부부 해로하여 자손이 창성하고 부귀공명이 겸전하여 재물이 넉넉하니 만사가 여의하리라。

男土女金=토생금하니 재물이 풍족하고 일생 근심이 없다。 부귀와 공명을 누리니 그 이름을 세상에 전하리라。

男土女木=목극토하니 부부 불화하고 관재 구설이 따르며 집이 비록 부유하나 재물이 사라지고 근심이 중중하리라。

男土女水=토극수하니 자손이 비록 있어도 동서로 흩어질 것이요、 부부간에 생이별하고 가업도 쇠잔하리라。

男土女火=화생토하니 부부간에 금슬이 좋고 자연 치부하여 재물이 산과 같고 효자 효부를 두어 안과태평하리라。

男土女土=양토가 상합하니 자손이 청성하고 부귀할 격이로다。 금의옥식에 고루거각에 앉아 태평세월하리라。

② 九宮法으로 보는 宮合

이 宮合法은 中元甲 즉 西紀 一九二四年 이후 一九八四年 사이에 出生한 男女에 해당한다。

男子의 生年과 女子의 生年으로 대조하여 보는바 **生氣·福德·天醫** 宮合이 되면 大吉하여 夫婦偕老 子孫昌盛에 富貴하고 **本宮** 및 **絶體·遊魂** 宮合은 吉도 凶도 아니므로 무해무익하고、**禍害·絶命**을 만나면 夫婦不和 혹은 離別에 재물도 궁핍하다고 하니 피함이 좋다。 가령 男子 甲子 癸酉 壬午生 등이 女子 甲子 癸酉 壬午生 등을 만나면 絶命宮合이 되어 大凶하고、男子 甲子 癸酉 壬午生 등이 女子 乙丑 甲戌 癸未生 등을 만나면 福德宮合이 되어 大吉하다。

女子의 生年 干支 ＼ 男子의 生年 干支	甲子 癸酉 壬午 辛卯 庚子 己酉 戊午	乙丑 甲戌 癸未 壬辰 辛丑 庚戌 己未	丙寅 乙亥 甲申 癸巳 壬寅 辛亥 庚申	丁卯 丙子 乙酉 甲午 癸卯 壬子 辛酉	戊辰 丁丑 丙戌 乙未 甲辰 癸丑 壬戌	己巳 戊寅 丁亥 丙申 乙巳 甲寅 癸亥	庚午 己卯 戊子 丁酉 丙午 乙卯	辛未 庚辰 己丑 戊戌 丁未 丙辰	壬申 辛巳 庚寅 己亥 戊申 丁巳
甲子 庚子 癸酉 己酉 壬午 戊午 辛卯	絶命	遊魂	生氣	福德	絶體	歸魂	天醫	禍害	歸魂
乙丑 辛丑 甲戌 庚戌 癸未 己未 壬辰	福德	生氣	遊魂	絶命	天醫	禍害	絶體	歸魂	禍害
丙寅 壬寅 乙亥 辛亥 甲申 庚申 癸巳	生氣	福德	絶命	遊魂	禍害	天醫	歸魂	絶體	天醫
丁卯 癸卯 丙子 壬子 乙酉 辛酉 甲午	天醫	禍害	歸魂	絶體	福德	生氣	絶命	遊魂	生氣
戊辰 甲辰 丁丑 癸丑 丙戌 壬戌 乙未	遊魂	絶命	福德	生氣	歸魂	絶體	禍害	天醫	絶體
己巳 乙巳 戊寅 甲寅 丁亥 癸亥 丙申	禍害	天醫	絶體	歸魂	生氣	福德	遊魂	絶命	福德
庚午 丙午 己卯 乙卯 戊子 丁酉	天醫	禍害	歸魂	絶體	福德	生氣	絶命	遊魂	生氣
辛未 丁未 庚辰 丙辰 己丑 戊戌	絶體	歸魂	禍害	天醫	絶命	遊魂	福德	生氣	遊魂
壬申 戊申 辛巳 丁巳 庚寅 己亥	歸魂	絶體	天醫	禍害	遊魂	絶命	生氣	福德	絶命

③ 其他 宮合에 참고

• 怨嗔關係(원진관계)

子生과 未生(쥐띠와 양띠) 卯生과 申生(토끼띠와 원숭이띠)
丑生과 午生(소띠와 말띠) 辰生과 亥生(용띠와 돼지띠)
寅生과 酉生(범띠와 닭띠) 巳生과 戌生(뱀띠와 개띠)

• 嫁娶滅門法(가취멸문법)

아래와 같은 生月끼리 만나면 크게 不吉이라 한다.

正月生女와 九生生男 六月生女와 十二月生男
二月生女와 八月生男 七月生女와 三月生男
三月生女와 五月生男 八月生女와 十月生男
四月生女와 六月生男 九月生女와 四月生男
五月生女와 正月生男 十月生女와 十一月生男

• 男女相冲法

子生과 午生、丑生과 未生、寅生과 申生、
卯生과 酉生、辰生과 戌生、巳生과 亥生

〔참고〕

이상은 속칭 겉궁합이다. 生月生日生時 등 四柱와는 관계없이 오직 生年 즉 띠로만 본다 해서 겉궁합이라 한다. 실상 겉궁합은 참작 정도에 그치고 속궁합이 좋아야 함은 너무나 당연하다. 속궁합을 부부 성관계로 잘못 알고 있는데 그게 아니고 남녀의 四柱 배합관계로 배합의 유리불리와 성격관계, 그리고 상대방이 어떠한 운명(즉 四柱八字)을 타고났는가를 가늠해 보는 것을 말한다. 그러나 四柱學 전문가가 아니면 판단이 불가능하다. 그러므로 이를 다 수록하지 못하거니와 남녀 성격적인 배합은 가능하므로 이것만은 소개하여 궁합의 활용을 높이고자 한다.

• 日干宮合

이 궁합법은 반드시 남녀의 生日干을 알아야 참고할 수 있다. (만세력을 참고하면 된다)

남자 \ 여자	甲日	乙日	丙日	丁日	戊日	己日	庚日	辛日	壬日	癸日
甲日	약간불리	길	무해무익	대길	약간불리	대길	불리	무해무익	길	대길
乙日	무해무익	무해무익	대길	무해무익	대길	무해무익	무해무익	불리	대길	약간불리
丙日	무해무익	대길	불리	약간불리	무해무익	대길	약간불리	대길	불리	약간불리
丁日	약간유리	약간유리	불리	약간불리	대길	길	길	무해무익	무해무익	불리
戊日	불리	약간불리	무해무익	대길	불리	약간불리	무해무익	대길	무해무익	대길
己日	무해무익	불리	대길	무해무익	약간불리	약간불리	대길	무해무익	대길	무해무익
庚日	무해무익	대길	불리	약간불리	무해무익	대길	불리	길	무해무익	대길
辛日	대길	약간불리	약간불리	불리	길	무해무익	약간불리	약간불리	약간유리	약간불리
壬日	약간유리	대길	무해무익	대길	불리	약간불리	무해무익	대길	무해무익	길
癸日	대길	길	길	약간불리	약간불리	불리	대길	무해무익	무해무익	약간불리

日干宮合은 특히 음양이 조화(남양여음·남음여양)된 가운데 干合되거나 상생됨이 상격이다. 상극이라도 남자가 여자를 克하면 무방하고 여자가 남자를 克하면 내주장(여자 위주)하는 가정 형태이다. 상생이면 무난한데 음양이 조화되면 더욱 좋다.

男子는 震宮, 女子는 坤宮에 1歲를 起하여 九宮을 順行한다. 그리하여 연령 닿는 宮을 中宮에 넣고 九宮方을 배치

移徙方位 一覽表

一天祿 二眼損 三食神 四徵破 五鬼 六合食 七進鬼 八官印 九退食

(참고) 이사방위법을 모르는 사람들은 무조건 東이 大將軍方이고, 北이 三殺方이라 해서 (가령) 東이나 北으로 절대 이사를 못하고 그 외 方位는 나쁘지 않은 줄로만 안다。 그러나 그렇지 않은 것은 年神의 凶方보다 主人公의 年齡에 맞추어 移徙方位를 보는 게 원칙이다。 三殺方이 아니라도 주인공에게 나쁜 方位면 不利하고、三殺方이라도 主人公에게 좋은 방위면 무방한 方位라 하겠다。

○**方位의 吉凶**=天祿(천록)·食神(식신)·合食(합식)·官印方(관인방)은 大吉하고, 眼損(안손)·徵破(징파)·五鬼(오귀)·進鬼(진귀)·退食方(퇴식방)은 不利한 方位다。 즉 天祿·官印方은 官職과 祿俸이 오르는 吉方이고、合食과 食神方은 財物이 생긴다는 吉方이며、眼損方은 眼疾과 損財、徵破方은 損財와 失敗、五鬼·進鬼方은 우환과 질병·손재、退食方은 재산이 줄어드는 凶方이라 한다。

	區分 / 年齡	天祿(천록) 길함	眼損(안손) 흉함	食神(식신) 길함	徵破(징파) 흉함	五鬼(오귀) 흉함	合食(합식) 길함	進鬼(진귀) 흉함	官印(관인) 길함	退食(퇴식) 흉함
男子의 年齡	九十一 八十二 七十三 六十四 五十五 四十六 三十七 二十八 十九 十 一	東	東南	中	西北	西	東北	南	北	西南
	九十二 八十三 七十四 六十五 五十六 四十七 三十八 二十九 二十 十一 二	西南	東	東南	中	西北	西	東北	南	北
	九十三 八十四 七十五 六十六 五十七 四十八 三十九 三十 二十一 十二 三	北	西南	東	東南	中	西北	西	東北	南
	九十四 八十五 七十六 六十七 五十八 四十九 四十 三十一 二十二 十三 四	南	北	西南	東	東南	中	西北	西	東北
	九十五 八十六 七十七 六十八 五十九 五十 四十一 三十二 二十三 十四 五	東北	南	北	西南	東	東南	中	西北	西
	九十六 八十七 七十八 六十九 六十 五十一 四十二 三十三 二十四 十五 六	西	東北	南	北	西南	東	東南	中	西北
	九十七 八十八 七十九 七十 六十一 五十二 四十三 三十四 二十五 十六 七	西北	西	東北	南	北	西南	東	東南	中
	九十八 八十九 八十 七十一 六十二 五十三 四十四 三十五 二十六 十七 八	中	西北	西	東北	南	北	西南	東	東南
	九十九 九十 八十一 七十二 六十三 五十四 四十五 三十六 二十七 十八 九	東南	中	西北	西	東北	南	北	西南	東

	區分 / 年齡	天祿(천록) 길함	眼損(안손) 흉함	食神(식신) 길함	徵破(징파) 흉함	五鬼(오귀) 흉함	合食(합식) 길함	進鬼(진귀) 흉함	官印(관인) 길함	退食(퇴식) 흉함
女子의 年齡	九十一 八十二 七十三 六十四 五十五 四十六 三十七 二十八 十九 十 一	東南	中	西北	西	東北	南	北	西南	東
	九十二 八十三 七十四 六十五 五十六 四十七 三十八 二十九 二十 十一 二	東	東南	中	西北	西	東北	南	北	西南
	九十三 八十四 七十五 六十六 五十七 四十八 三十九 三十 二十一 十二 三	西南	東	東南	中	西北	西	東北	南	北
	九十四 八十五 七十六 六十七 五十八 四十九 四十 三十一 二十二 十三 四	北	西南	東	東南	中	西北	西	東北	南
	九十五 八十六 七十七 六十八 五十九 五十 四十一 三十二 二十三 十四 五	南	北	西南	東	東南	中	西北	西	東北
	九十六 八十七 七十八 六十九 六十 五十一 四十二 三十三 二十四 十五 六	東北	南	北	西南	東	東南	中	西北	西
	九十七 八十八 七十九 七十 六十一 五十二 四十三 三十四 二十五 十六 七	西	東北	南	北	西南	東	東南	中	西北
	九十八 八十九 八十 七十一 六十二 五十三 四十四 三十五 二十六 十七 八	西北	西	東北	南	北	西南	東	東南	中
	九十九 九十 八十一 七十二 六十三 五十四 四十五 三十六 二十七 十八 九	中	西北	西	東北	南	北	西南	東	東南

生氣·福德 一覽表

예를 들어 本 大韓民曆 내용의 擇日에 關한 記錄에 宜祭祀·祈福·婚姻·建屋 등이라 하였으면 이와 같은 일(行事)에 적합한 日辰이라는 뜻인데 이는 오직 日辰에 따른 吉日이므로 비록 좋다는 日辰이라도 主人公의 年齡에 따라 적합지 않을 경우가 있다. 즉 위 吉日에 **生氣·福德·天醫日**에 해당하면 大吉이고, **絶體·遊魂·歸魂日**이면 그런대로 行事에 可하며, 만약 **禍害日**이나 **絶命日**이면 宜라고 記錄된 行事라도 主人公과 맞지 않는 日辰이므로 쓰지 말아야 한다.

一上生氣 二中天醫 三下絶體 四中遊魂 五上禍害 六中福德 七下絶命 八中歸魂

男女 年齡	生氣八神 및 吉凶	生氣(생기) 大吉한 日辰	天醫(천의) 大吉한 日辰	絶體(절체) 사용가능한 日辰	遊魂(유혼) 사용가능한 日辰	禍害(화해) 大凶이니 사용不可	福德(복덕) 大吉한 日辰	絶命(절명) 大凶이니 사용不可	歸魂(귀혼) 사용가능한 日辰
男子의 年齡	一 八 十六 二十四 三十二 四十 四十八 五十六 六十四 七十二 八十 八十八 九十六	卯	酉	子	未申	丑寅	辰巳	戌亥	午
	九 十七 二十五 三十三 四十一 四十九 五十七 六十五 七十三 八十一 八十九 九十七	丑寅	辰巳	戌亥	午	卯	酉	子	未申
	二 十 十八 二十六 三十四 四十二 五十 五十八 六十六 七十四 八十二 九十 九十八	戌亥	午	丑寅	辰巳	子	未申	卯	酉
	三 十一 十九 二十七 三十五 四十三 五十一 五十九 六十七 七十五 八十三 九十一 九十九	酉	卯	未申	子	辰巳	丑寅	午	戌亥
	四 十二 二十 二十八 三十六 四十四 五十二 六十 六十八 七十六 八十四 九十二 百	辰巳	丑寅	午	戌亥	酉	卯	未申	子
	五 十三 二十一 二十九 三十七 四十五 五十三 六十一 六十九 七十七 八十五 九十三	未申	子	酉	卯	午	戌亥	辰巳	丑寅
	六 十四 二十二 三十 三十八 四十六 五十四 六十二 七十 七十八 八十六 九十四	午	戌亥	辰巳	丑寅	未申	子	酉	卯
	七 十五 二十三 三十一 三十九 四十七 五十五 六十三 七十一 七十九 八十七 九十五	子	未申	卯	酉	戌亥	午	丑寅	辰巳
女子의 年齡	一 八 十六 二十四 三十二 四十 四十八 五十六 六十四 七十二 八十 八十八 九十六	辰巳	丑寅	午	戌亥	酉	卯	未申	子
	二 九 十七 二十五 三十三 四十一 四十九 五十七 六十五 七十三 八十一 八十九 九十七	酉	卯	未申	子	辰巳	丑寅	午	戌亥
	三 十 十八 二十六 三十四 四十二 五十 五十八 六十六 七十四 八十二 九十 九十八	戌亥	午	丑寅	辰巳	子	未申	卯	酉
	四 十一 十九 二十七 三十五 四十三 五十一 五十九 六十七 七十五 八十三 九十一 九十九	丑寅	辰巳	戌亥	午	卯	酉	子	未申
	五 十二 二十 二十八 三十六 四十四 五十二 六十 六十八 七十六 八十四 九十二 百	卯	酉	子	未申	丑寅	辰巳	戌亥	午
	六 十三 二十一 二十九 三十七 四十五 五十三 六十一 六十九 七十七 八十五 九十三	子	未申	卯	酉	戌亥	午	丑寅	辰巳
	七 十四 二十二 三十 三十八 四十六 五十四 六十二 七十 七十八 八十六 九十四	午	戌亥	辰巳	丑寅	未申	子	酉	卯
	十五 二十三 三十一 三十九 四十七 五十五 六十三 七十一 七十九 八十七 九十五	未申	子	酉	卯	午	戌亥	辰巳	丑寅

나이를 붙여 一上生氣 二中天醫식으로 生氣福德을 따져보는 法式인데 男子는 一歲를 離宮에 붙여 二歲에 坤을 건너(二歲 이후 건너지 않음) 兌에 二歲, 乾에 三歲, 이렇게 계속 八方을 돌려나가고(順行), 여자는 一歲를 坎宮에 붙여 二歲 乾, 三歲 兌, 四歲 坤, 五歲 離, 六歲 巽, 七歲 震, 八歲는 艮을 건너(이후는 건너지 않음) 坎宮에, 이렇게 八方을 時計반대방향(逆行)으로 계속 남녀 共히 主人公에 해당되는 年齡까지 돌려 年齡 머무는 곳이 本宮이라 한다.

婚姻門(결혼에 관계되는 것)

① 合婚開閉法(단 女子만 참고)

이는 옛날 中國에서 오랑캐의 請婚을 거절할 핑계로 만들어졌다는 것인데 지금도 이를 참고하는 이가 있어 기록한다.

• 大開運의 나이에 혼인하면 大吉하고 半開運은 不和하며 閉開運은 이별이라 한다.

子午卯酉生女	大開(吉)	十七	二十	二十三	二十六	二十九	三十二
	半開(平)	十八	二十一	二十四	二十七	三十	三十三
	閉開(凶)	十九	二十二	二十五	二十八	三十一	三十四
寅申巳亥生女	大開(吉)	十六	十九	二十二	二十五	二十八	三十一
	半開(平)	十七	二十	二十三	二十六	二十九	三十二
	閉開(凶)	十八	二十一	二十四	二十七	三十	三十三
辰戌丑未生女	大開(吉)	十五	十八	二十一	二十四	二十七	三十
	半開(平)	十六	十九	二十二	二十五	二十八	三十一
	閉開(凶)	十七	二十	二十三	二十六	二十九	三十二

② 婚姻凶年

다음에 해당하는 年에 결혼하면 不和하거나 離別의 우려가 있다고 한다.

• 男婚凶年(남자가 참고)

子生－未年 丑生－申年 寅生－酉年 卯生－戌年
辰生－亥年 巳生－子年 午生－丑年 未生－寅年
申生－卯年 酉生－辰生 戌生－巳年 亥生－午年

• 女婚凶年(여자가 참고)

子生－卯年 丑生－寅年 寅生－丑年 卯生－子年
辰生－亥年 巳生－戌年 午生－酉年 未生－申年
申生－未年 酉生－午年 戌生－巳年 亥生－辰年

③ 殺夫大忌月(혼인에 不吉한 달)

다음에 해당하는 달에 혼인하면 불길하다고 하니 피하는 게 좋다.

子生女－正・二月 丑生女－四月 寅生女－七月
卯生女－十二月 辰生女－四月 巳生女－五月
午生女－八・十二月 未生女－六・七月 申生女－六・七月
酉生女－八月 戌生女－十二月 亥生女－七・八月

④ 嫁娶月의 吉凶

위에서 凶한 달을 피하고 또 아래에서 大利月을 가리되 妨翁姑・妨女父母는 부모, 시부모가 있으면 피하며, 妨夫月이나 妨女月은 혼인하지 말아야 한다. 단 妨媒氏는 무해무익한 달임.

生年 \ 區分	大利月 가장 좋은 달이다	妨媒氏 결혼해도 무방하다	妨翁姑 시부모가 없어야 사용	妨女父母 친정부모가 없어야 사용	妨夫主 신랑에 흉하니 사용불가	妨女身 신부에 흉하니 사용불가
子生 午生	六月 十二月	正月 七月	二月 八月	三月 九月	四月 十月	五月 十一月
丑生 未生	五月 十一月	四月 十月	三月 九月	二月 八月	正月 七月	六月 十二月
寅生 申生	二月 八月	三月 九月	四月 十月	五月 十一月	六月 十二月	正月 七月
卯生 酉生	正月 七月	六月 十二月	五月 十一月	四月 十月	三月 九月	二月 八月
辰生 戌生	四月 十月	五月 十一月	六月 十二月	正月 七月	二月 八月	三月 九月
巳生 亥生	三月 九月	二月 八月	正月 七月	六月 十二月	五月 十一月	四月 十月

⑤ 嫁娶凶日

본 民曆에 宜婚姻이라 하였어도 主人公 男女의 生年으로 孤辰(남자)이나 寡宿(과수)에 해당하는 日辰이면 결혼식을 올리지 말아야 한다.

• 孤寡殺

亥子丑生－男子는 寅日、女子는 戌日
寅卯辰生－男子는 巳日、女子는 丑日
巳午未生－男子는 申日、女子는 辰日
申酉戌生－男子는 亥日、女子는 未日

• 喪夫喪妻殺

寅卯辰(正、二、三)月＝丙午・丁未日(상처)
亥子丑(十、十一、十二)月＝壬子・癸亥日(상부)

당년의 月과 日로 보고 또는 寅卯辰月生 남자가 丙午・丁未日에 혼인하면 상처살이고、亥子丑月生 여자가 壬子・癸亥日에 혼인하면 상부살에 해당、불길이라 한다。

※ 혼인에 꺼리는 날은 天賊 受死 伏斷 月破 月厭 厭對 月殺 十惡 冬至、夏至 端午(四月 八日) 月忌日、天罡 河魁 紅紗 披麻日이다。 단 天罡 河魁日은 黃道日과 같이 들면 무방하고 月忌日은 五合日 즉 寅卯日이면 무방하다。 이상은 本文 택일사항에 혼인에 마땅한 날에서 이미 제외되었거니와 「가취흉일」「상부상처살」은 별도로 참고해야 되고 비록 혼인에 마땅하다 기록된 날이라도 주인공 남녀의 本命日(甲子生이 甲子日、乙丑生이 乙丑日의 예)에 해당되지 않아야 하며 생기복덕으로 생기、천의 복덕일이 가장 좋으나 이날(생기・복덕・천의)을 가리기 어려우면 유혼・절체・귀혼일은 부득이 사용하되 禍害・絶命日만은 혼인식을 올리지 않는 게 택일 법칙이다。(三十八面 생기복덕 일람표 참고)

陽宅大要

① 成造運(집 짓는 운 보는 법)

본 표는 천기대요에 수록된 금루사각이 아님

(巽)	(離)	(坤)
8 53	9 54	1 46
17 62	18 63	10 56
26 71	27 72	19 64
34 80	36 81	28 73
43 89	44 90	37 82
牛馬四角	大 吉	妻子四角
(震)	(中)	(兌)
7 52	5 50	2 47
16 61	15 55	11 57
24 70	25 65	20 66
33 79	35 75	29 74
42 88	45 85	38 83
大 吉	蠶四角(凶)	大 吉
(艮)	(坎)	(乾)
6 51	4 49	3 48
14 60	13 59	12 58
23 69	22 68	21 67
32 78	31 77	30 76
41 87	40 86	39 84
自四角(凶)	大 吉	父母四角

위 표는 成造運(집 짓는 운)을 보는 法이다。 아라비아 숫자는 남녀를 막론하고 해당 연령인바 당년 나이가 中宮의 蠶四角이나 艮宮의 自四角에 드는 해는 成造에 不可하며、妻子四角은 妻子가 있는 경우 나쁘고(妻子不利)、父母四角은 父母가 계시면 不利하다(父母不吉)。 단 牛馬四角은 일반 건축은 무방하나 畜舍짓는 것을 꺼리는데 가능하면 成造하지 않는 게 좋다。 고로 年齡이 坎・離・震・兌에 드는 해를 가려 집을 짓는 게 大吉하다。

② 坐向運 : 建物의 坐向으로 年運을 맞춘다。

子午卯酉年＝辰戌丑未乙辛丁癸坐向이 大吉
辰戌丑未年＝寅申巳亥乾坤艮巽坐向이 大吉
寅申巳亥年＝子午卯酉壬丙庚甲坐向이 大吉

③ 成造吉年 : 일반적으로 건축하는 데 吉한 年이다。

乙丑 戊辰 庚午 乙酉 丙戌 己丑 庚寅 辛卯 癸巳 乙未 戊戌 庚子 乙卯 丙辰 己未 庚申 辛酉 癸亥年이 吉。

④ 吉向法

申子辰生＝申向 戌向 亥向(西北向도 무방)
巳酉丑生＝巳向 未向 申向(西南向도 무방)
寅午戌生＝寅向 辰向 巳向(東南向도 무방)
亥卯未生＝亥向 丑向 寅向(東北向도 무방)

⑤ 집수리 못하는 방위

건물을 새로 짓는 것보다 이미 건축된 건물을 수리하는 일을 더 주의해야 한다。 어느 해를 막론하고 三殺方과 大將軍方을 꺼리지만 호주나 세대주 부부의 연령으로 수리하지 못하는 방위가 있고 또 당년 年月에 따라 집수리하면 어린이에게 厄이 이르는 방위가 있다。 이 두 가지 꺼리는 방위는 다음과 같다。

• 身皇·定明殺

당년 연령										집수리 및 건물 짓는 데 불리한 방위 남자	여자
1	10	19	28	37	46	55	64	73	82	中央	東北·西南
2	11	20	29	38	47	56	65	74	83	西北·東南	正西·正東
3	12	21	30	39	48	57	66	75	84	正西·正東	西北·東南
4	13	22	31	40	49	58	67	76	85	東北·西南	中央
5	14	23	32	41	50	59	68	77	86	正南·正北	東南·西北
6	15	24	33	42	51	60	69	78	87	正北·正南	正東·正西
7	16	25	34	43	52	61	70	79	88	西南·東北	西南·東北
8	17	26	35	44	53	62	71	80	89	正東·正西	正北·正南
9	18	27	36	45	54	63	72	81	90	東南·西北	正南·正北

그리고 금년(庚寅年)에는 亥子丑北方이 三殺이고 正北이 大將軍方이므로 위 표에 해당하지 않더라도 누구를 막론하고 北方(亥子丑方)에 집을 달아내거나 집수리하는 것을 꺼린다。

• 小兒殺

다음 방위를 범하면 十五세 이전의 小兒에게 不利하다는 殺方이다。

月의 大小	小月		大月		
月別 \ 年	子寅辰午申戌年	丑卯巳未酉亥年	甲癸丁庚年	乙辛戊年	丙壬己年
正	中	南	東北	中	西南
二	西北	北	西	東南	北
三	西	西南	西北	東	南
四	東北	東	中	西南	東北
五	南	東南	東南	北	西
六	北	中	東	南	西北
七	西南	西北	西南	東北	中
八	東	西	北	西	東南
九	東南	東北	南	西北	東
十	中	南	東北	中	西南
十一	西北	北	西	東南	北
十二	西	西南	西北	東	南

• 門·廚房 방위법

家屋에 있어 坐向이 정해지면 그 坐向에 따른 出入門 및 廚房의 吉凶方을 보는 방법인데 아래 表와 같다。

坐 \ 方	坎	艮	震	巽	離	坤	兌	乾
坎	伏吟	五鬼	天乙	生氣	延年	絶命	禍害	六殺
艮	五鬼	伏吟	六殺	絶命	禍害	生氣	延年	天乙
震	天乙	六殺	伏吟	延年	生氣	禍害	絶命	五鬼
巽	生氣	絶命	延年	伏吟	天乙	五鬼	六殺	禍害
離	延年	禍害	生氣	天乙	伏吟	六殺	五鬼	絶命
坤	絶命	生氣	禍害	五鬼	六殺	伏吟	天乙	延年
兌	禍害	延年	絶命	六殺	五鬼	天乙	伏吟	生氣
乾	六殺	天乙	五鬼	禍害	絶命	延年	生氣	伏吟

坐로 門과 廚房의 방위를 대조하고, 또는 門方位로 坐와 廚房方位의 吉凶을 본다。

• 東四宅—坎·離·震·巽、西四宅—乾·坤·艮·兌

東四宅은 生氣方이 上吉하고 延年方이 中吉하며 天乙方이 小吉하다。 西四宅은 延年方이 上吉이요 天乙方이 中吉하며 生氣方이 小吉이라 한다。 五鬼·六殺·禍害·絶命方은 凶하며 伏吟은 半凶半吉이다。 그러므로 東西四宅을 막론하고 坐와 門과 廚房의 方位가 生氣 天乙 延年이 되도록 맞춰야 吉하다。

坎—壬子癸 同方 **艮**—丑艮寅 同方
震—甲卯乙 同方 **巽**—辰巽巳 同方
離—丙午丁 同方 **乾**—戌乾亥 同方
兌—庚酉辛 同方 **坤**—未坤申 同方

陰宅大要

① 重喪日・復日・重日

葬禮式은 凶事라 거듭되어서는 안된다。 重喪은 喪이 거듭난다는 뜻이 있고 重日・復日은 무엇이든지 거듭된다는 뜻이 있으므로 이날을 꺼리는 것이다。 다음 표와 같다。

區分 \ 月支	寅	卯	辰	巳	午	未	申	酉	戌	亥	子	丑
重喪日	甲	乙	己	丙	丁	己	庚	辛	己	壬	癸	己
復日	庚	辛	戊	壬	癸	戊	甲	乙	戊	丙	丁	戊
重日	巳亥	巳亥	巳亥	巳亥	巳亥	巳亥	巳亥	巳亥	巳亥	巳亥	巳亥	巳亥

간단히 기억하는 요령은、

正・七月＝甲庚巳亥日　二・八月＝**乙辛巳亥日**
三・九月＝戊己巳亥日　**四・十月＝丙壬巳亥日**
五・十一月＝丁癸巳亥日　**六・十二月＝戊己巳亥日**

즉 正甲 二乙 三己 四丙 五丁 六己 七庚 八辛 九己 十壬 十一癸 十二己日이 重喪日이고、正七月甲庚、二八月乙辛、三六九十二月 戊己、四十月壬丙 五、十一月丁癸日이 復日이며 每月 巳亥日이 重日이다。

그러므로 初喪이 나서 葬禮日을 결정할 때 가능하면 重喪・重・復日을 피하여 날을 정하는 게 바람직하다。

② 入棺吉時

대개 入棺은 歛襲을 마치면 즉시 한다。 그러므로 歛襲은 入棺吉時에서 一時間 정도 앞서 시작하면 될 것이다。 入棺에 吉하다는 時間은 다음과 같다。

子日―甲庚時　**丑日―乙辛時**　**寅日―乙癸時**
卯日―丙壬時　**辰日―丁甲時**　**巳日―乙庚時**
午日―丁癸時　**未日―乙辛時**　**申日―甲癸時**
酉日―丁壬時　**戌日―庚壬時**　**亥日―乙辛時**

이를 알기 쉽게 나타내면 다음과 같다。

甲子日-午戌時　乙丑日-巳酉時　丙寅日-巳未時　丁卯日-寅午時
戊辰日-寅巳時　己巳日-亥午時　庚午日-未亥時　辛未日-卯未時
壬申日-辰卯時　癸酉日-巳戌時　甲戌日-午申時　乙亥日-巳酉時
丙子日-寅午時　丁丑日-巳亥時　戊寅日-卯亥時　己卯日-寅申時
庚辰日-亥申時　辛巳日-寅未時　壬午日-卯未時　癸未日-卯酉時
甲申日-酉戌時　乙酉日-午亥時　丙戌日-寅辰時　丁亥日-巳亥時
戊子日-寅申時　己丑日-未亥時　庚寅日-未酉時　辛卯日-辰申時
壬辰日-辰未時　癸巳日-卯申時　甲午日-卯酉時　乙未日-巳酉時
丙申日-巳午時　丁酉日-寅未時　戊戌日-申戌時　己亥日-未亥時
庚子日-辰申時　辛丑日-卯未時　壬寅日-卯巳時　癸卯日-辰戌時
甲辰日-卯戌時　乙巳日-辰酉時　丙午日-巳酉時　丁未日-巳亥時
戊申日-寅亥時　己酉日-卯申時　庚戌日-辰午時　辛亥日-卯未時
壬子日-辰戌時　癸丑日-卯酉時　甲寅日-酉亥時　乙卯日-午戌時
丙辰日-午酉時　丁巳日-巳戌時　戊午日-巳亥時　己未日-未亥時
庚申日-未申時　辛酉日-辰酉時　壬戌日-寅戌時　癸亥日-卯酉時

③ 下棺吉時(단 黃道時라도 安葬은 巳・午・未・申時 중에)

黃道時에 貴人時를 겸하면 좋고 마땅치 않으면 그냥 黃道時만 가려 써도 좋다。

黃道時

子午日은 子丑卯午申酉時　丑未日은 寅卯巳申戌亥時
寅申日은 子丑辰巳未戌時　卯酉日은 子寅卯午未酉時
辰戌日은 寅辰巳申酉亥時　巳亥日은 丑辰午未戌亥時

貴人時

甲·戊·庚日은 丑·未時、乙·己日은 子·申時、丙·丁日은 亥·酉時、辛日은 寅·午時、壬·癸日은 巳·卯時

④ 停喪忌方

尸身을 墓地로 운반하기 爲해 喪輿나 靈柩車를 待期시킬 경우(病院에서는 不要) 안방을 기준 상여나 영구차를 세워두는 것을 꺼리는 방위이다。 또 墓地에서는 壙中을 기준 상여 및 棺을 安置하지 않는 方位도 된다。

巳酉丑年日—艮方(東北)　申子辰年日—巽方(東南)
寅午戌年日—乾方(西北)　亥卯未年日—坤方(西南)

⑤ 祭主不伏方

靈座를 設置하지 않는 方位다。

三殺方=申子辰年日—巳午未方(南)　巳酉丑年日—寅卯辰方(東)
寅午戌年日—亥子丑方(北)　亥卯未年日—申酉戌方(西)

羊刃方=甲年日—卯方、乙年日—辰方、丙年日—午方、
丁年日—未方、戊年日—午方、己年日—未方、
庚年日—酉方、辛年日—戌方、壬年日—子方、
癸年日—丑方

⑥ 下棺할 때 피하는 法

다음에 해당하는 사람은 尸身을 壙中에 安置하는 순간을 보지 않아야 한다(三分정도만 피하면 된다)。

正冲=葬日과 日干이 같고 日支와는 冲되는 사람(가령 甲子日이면 甲午生、乙丑日이면 乙未生、戊寅日이면 戊申生이 피한다)

旬冲=葬日과 同旬中에 해당 生年과 日支가 冲하는 사람(가령 甲子日이면 庚午生、丙子日이면 壬午生、간단한 法은 葬日과 天干 地支가 모두 冲하는 사람)

太歲壓本命=葬事하는 해의 太歲를 中宮에 넣고 九宮을 順行 中宮에 드는 사람(금년은 庚寅年이라 庚寅 己亥 戊申 丁巳 丙寅 乙亥 甲申 癸巳生이 中宮에 드니 이에 해당하는 사람은 庚寅年 一年 동안 下棺하는 것을 보지 않는 것이 좋다)

⑦ 動塚運(移葬·莎草·立石에 참고)

大利·小利가 닿는 해는 移葬·莎草(떼 입히고 축대 쌓고 봉분 고치는 일)·비석 세우는 일을 할 수 있으나 重喪運이 되는 해는 이상과 같은 일을 못한다。 또는 먼저 쓴 墓에 重喪運이 되면 그 묘에 新墓를 함께 쓰거나、그 묘를 옮겨 新墓로 合窆을 못한다。 大利 小利運이라야 가능하다。

이장·사초·비석·상돌·합장 등에 이 표를 참고하라。

坐向	大利	小利	重喪
壬子癸丑丙午丁未 坐向	辰戌丑未年	子午卯酉年	寅申巳亥年
乙辰巽巳辛戌乾亥 坐向	寅申巳亥年	辰戌丑未年	子午卯酉年
艮寅甲卯坤申庚酉 坐向	子午卯酉年	寅申巳亥年	辰戌丑未年

금년(二〇一〇年 庚寅年)은 이미 쓴 묘가 **乙辰巽巳辛戌乾亥**坐向(大利運) 및 **艮寅甲卯坤申庚酉**坐向(小利)이면 **이장·사초·비석·합장** 등을 할 수 있고、**壬子癸丑丙午丁未**坐向(重喪)에 해당하면 이상(이장·합장)과 같은 일을 하지 못한다。 즉 금년에는 **壬子癸丑丙午丁未**坐向은 이장·합장이 不可하다。

※ 天機大要(七三面)에 보면 修墳·排石·加土 등의 일에는 年運이 어떠하든지 상관없이 다만 좋은 月·日·時를 가리되 祭主本命日과 同旬冲日만 피하면 된다 하였다。

⑧ 二十四坐運 보는 법(新墓에 適用함)

坐＼年	丁亥	戊子	己丑	庚寅	辛卯	壬辰	癸巳	甲午
子坐	大利	小利	灸退	三殺	陰符	年克	灸退	年克 三殺 歲破
癸坐	大利	向殺	大利	坐殺	傍陰	年克 向殺	大利	坐殺 年克
丑坐	大利	大利	大利	三殺 傍陰	小利	年克	小利	三殺 年克
艮坐	年克	大利	陰符	大利	大利	大利	年克	陰符
寅坐	天官 傍陰	小利	三殺	大利	天官	年克 傍陰	三殺	年克
甲坐	向殺	大利	坐殺	傍陰	向殺	年克 浮天	坐殺	年克
卯坐	年克 地官	灸退 陰符	三殺	小利	小利	灸退	三殺 年克 陰符	小利
乙坐	向殺	大利	坐殺	年克	向殺 傍陰	大利	浮天 坐殺	大利
辰坐	小利	地官	三殺	小利	傍陰	年克	三殺	年克
巽坐	大利	大利	陰符	大利	大利	年克	大利	年克 陰符
巳坐	年克 歲破	三殺	地官	天官 傍陰	大利	三殺	年克	天官
丙坐	大利	坐殺	傍陰	向殺 年克	浮天	坐殺	大利	向殺 傍陰
午坐	陰符 灸退	三殺 歲破	小利	年克 地官	灸退	三殺 陰符	大利	小利
丁坐	大利	坐殺	年克	向殺 傍陰 浮天	小利 冬至後 不利	坐殺	大利	向殺
未坐	小利	三殺 傍陰	歲破	小利	地官	三殺 年克	傍陰	年克

坐＼年	丁亥	戊子	己丑	庚寅	辛卯	壬辰	癸巳	甲午
坤坐	大利	浮天	大利	大利	陰符	年克	小利	年克
申坐	三殺	小利	天官	歲破	三殺 傍陰	年克 地官	天官	年克
庚坐	坐殺 浮天	傍陰	向殺	大利	坐殺	年克	向殺 傍陰	年克
酉坐	三殺	小利 冬至後 不利	年克	灸退 陰符	三殺 歲破	小利	地官	灸退
辛坐	坐殺	大利	向殺 傍陰	小利	坐殺	年克	向殺	年克 傍陰
戌坐	三殺 傍陰	大利	小利	大利	三殺	歲破 年克 傍陰	小利	年克 地官
乾坐	小利	小利 冬至後 不利	年克 浮天	陰符	小利 冬至後 不利	大利	小利	小利
亥坐	小利	傍陰 天官	年克	三殺	大利	天官	歲破 傍陰	三殺
壬坐	傍陰	向殺	大利	坐殺 年克	大利	向殺 傍陰	大利	坐殺 浮天

이 表는 새로 쓰는 墓의 坐運을 보는 法이다。二十四坐는 地理法에 의하여 결정된다。단 地理法에 의하여 어떤 위치에 적당한 坐가 결정되었더라도 年運하고 맞아야 한다。예를 들어 坐가 **亥·壬·子·癸·丑**坐 가운데 해당할 경우 今年(**庚寅年**)에는 이상의 坐의 墓는 쓰지 못한다。왜냐하면 **亥·子·丑**坐는 劫殺·災殺·歲殺 등 三殺坐에 해당하고 **壬·癸**坐는 坐殺에 해당하기 때문이다。(그래도 부득이 三殺을 犯해야 될 형편이면 制殺法을 적용하라)

坐가 **大利運**이나 **小利運**에 해당하면 가장 좋고 年克·傍陰符에 해당하면 不利인데 移葬新墓는 꺼려도 初喪에는 크게 꺼리지 않는다。일반적으로 三殺은 거의 쓰지 않으나 만부득이한 경우 다음과 같은 制殺法을 적용하면 무방하다고 하였다。

● 制殺法

三殺＝亡人의 生年 및 喪主生年의 納音五行으로 制殺하거나 당년 年月日時의 納音五行으로 制殺한다。 예를 들어 今年(庚寅年)은 三殺이 亥子丑水方이므로 水殺이다。 만약 亡人이나 喪主生年의 納音五行이 庚午 辛未 戊寅 己卯 丙戌 丁亥 등의 土命이면 土克水하여 制殺된다。 또 年月日時의 納音이 土에 해당하여도 亥子丑의 三殺이 制해진다。

向殺 天官符 地官符 炙退＝葬埋에는 꺼리지 않고 陽宅에만 꺼린다。

年克＝太歲의 納音이 山運을 克하면 年克인데 새로 쓰는 墓의 坐가 年克이 되면 좋지 않다。 그러나 太歲納音이 山運을 克하여 年克이 될 경우 亡人이나 祭主生年의 納音五行이 太歲納音을 克하거나 行事月日時 納音이 太歲納音을 다시 克해 주면 制殺되어 無妨하다。

예를 들어 午壬寅戌 四個의 坐는 洪範五行이 火山인데 庚寅年에 丙戌土運이라 庚寅年 納音 松栢木의 극을 받으므로 年克이다。 즉 木이 殺인데 亡人·常主·月日時의 納音이 이 木을 克하는 壬申 癸酉 庚辰 辛巳 甲午 乙未 壬寅 癸卯 등의 金에 해당하면 金克木하여 木殺이 除去된다。

● 山運法

坐(五行) / 年	兌丁乾亥(金山)	卯艮巳(木山)	離壬丙乙(火山)	甲寅辰巽戌坎辛申(水山)	癸丑坤庚未(土山)
甲己年	乙丑金運	辛未土運	甲戌火運	戊辰木運	戊辰木運
乙庚年	丁丑水運	癸未木運	丙戌土運	庚辰金運	庚辰金運
丙辛年	己丑火運	乙未金運	戊戌木運	壬辰水運	壬辰水運
丁壬年	辛丑土運	丁未水運	庚戌金運	甲辰火運	甲辰火運
戊癸年	癸丑木運	己未火運	壬戌水運	丙辰土運	丙辰土運

내년(辛卯年)에는 年克되는 坐가 없다。 그래서 내후년인 壬辰年의 예를 든다。 壬辰年에는 甲寅 辰巽 戌坎 辛申의 水山과 癸丑坤庚未 土山이 甲辰火運이라 壬辰年 納音水의 克을 받으므로 年克이다。 亡人이나 祭主命이나 行事年月日時의 納音 土를 얻으면 土克水하여 年克을 制殺하므로 納音土命 및 土年月日時에는 甲寅辰巽 등 火運에 해당하는 坐를 써도 무방하다。

傍陰符＝庚寅年에는 甲丁巳丑 四個 坐가 傍陰符殺이다。 즉 庚金이 傍陰殺이므로 秋月에는 金殺이 生旺되어 不利하고 春夏에는 金이 衰弱해지는 때이므로 無妨이라 한다。 또는 亡人이나 喪主의 梟殺로 制하는 法이 있다。 예를 들어 甲·丁·巳·丑坐는 庚金이 傍陰符인데 戊土가 梟殺이라 祭主·亡人의 年月日時 가운데 戊生이나 戊年月日時면 制殺된다。

● 開塚忌日

移葬을 목적하거나 合葬하려면 이미 쓴 무덤을 헤쳐야 하는데 이를 꺼리는 日時가 있다。

甲乙日＝辛戌乾亥坐 또는 申酉時
丙丁日＝坤申庚酉坐 또는 丑午申戌時
戊己日＝辰戌酉坐 또는 辰戌酉時
庚辛日＝艮寅甲卯坐 또는 丑辰巳時
壬癸日＝乙辰巽巳坐 또는 丑未時

예를 들어 移葬·合葬하려는 墓가 辛戌乾亥坐에 해당하면 甲乙日이나 申酉時에 墓를 헐지 못한다。

● 入地空亡日

甲己亡命은 **庚午日**에 葬事지내지 않는다。
乙庚亡命은 **庚辰日**에 葬事지내지 않는다。
丙辛亡命은 **庚寅日**에 葬事지내지 않는다。
丁壬亡命은 **庚戌日**에 葬事지내지 않는다。

• 諸神上天日

移葬·合葬하고 비석 세우고 床石 놓고 떼입히고 封墳돋우는 일 등에 날을 가리지 않고 무조건 무방한 날이 있다。(단 動塚運에서 重喪運에 해당되지 않을 경우) 즉 다음과 같은 날이다。

寒食日、 清明日、 大寒後 五日~立春前 二日

寒食·淸明日은 모든 神이 朝會하러 하늘로 올라가기 때문이고 大寒後 五日부터 立春前 二日은 新舊歲神들이 交替되는 其間이므로 이상의 날을 犯해도 무방하다고 한다。

• 走馬六壬

복잡하게 이것저것 살피지 않고 移葬運만 맞으면 간단히 좋은 年月日時를 가리는 方法이 있으므로 한 가지만 收錄하여 陰宅法에서 툰 분도 擇日할 수 있도록 한다。

陽山－陽年、 陽月、 陽日、 陽時를 쓴다。
陰山－陰年、 陰月、 陰日、 陰時를 쓴다。

今年(己丑)은 陰年이므로 癸丑 甲卯 巽巳 丁未 庚酉 乾亥坐에 한해서는 丑卯巳未酉亥年月日時中에서 葬日을 定하면 走馬六壬의 吉局을 얻는 것이 된다。

陽山＝壬子艮寅乙辰丙午坤申辛戌坐
陰山＝癸丑甲卯巽巳丁未庚酉乾亥坐

예를 들어 己丑年은 陰年인데 陰山(陰坐)일 경우 丑卯巳未酉亥의 陰年月日時를 가리고 내년(庚寅)은 陽年이므로 陽坐일 경우 子寅辰午申戌의 年月日時로만 가려 쓰면 된다。

◎ 擇日記載 內容의 述語解說

明文堂 大韓民曆 本文 下段에 記載된 行事宜日 및 不宜日에 대한 使用法과 理解하기 어려운 內容만을 說明한다。

宜字 아래에 記錄된 것은 行事에 吉한 것 또는 行事해도 해롭지 않은 것이므로 生氣福德法에서 主人公의 禍害·絶命만 避하여 使用하면 된다。

忌字 아래에 記錄된 것은 行事에 不利한 것이므로 可能하면 使用치 않는 게 좋다。

祭祀＝故人의 忌日(死亡日)이 아닌 날에 특별히 날을 받아 지내는 모든 祭祀에 限한다。(즉 祖上 合同祭、山神祭、家神祭 등)

祈福＝開業告祀、起工式告祀、安宅告祀 및 神에 祈禱드리기 시작하는 것。

上章＝각종 民願書 申請、論文、意見書、創作品 請願書、陳情書 등을 提出하는 것。

納人＝남의 食口를 집안에 들여 同居 또는 寄宿시키거나 貰入者들이는 것 혹은 새로운 사람。(운전기사、가정부、비서、社員의 採用)

起造＝建築 및 집수리의 始作。

立券＝契約締結、約定書、會則、規則 등을 作成하는 것。

交易＝貿易、賣買、物品의 搬出入、去來。

入學＝指定된 날짜 이외로 本人이 自由롭게 날을 선택해서 각종 學問 및 技術 藝能 등을 배우기 시작하는 날。

裁衣＝새로 옷을 맞추거나 壽衣 등을 깁는 것。

會親友＝會議、親睦모임 등。

宴會＝잔치、즉 파티 여는 것。

斷乳＝젖먹이 어린이의 맨 처음 母乳나 粉乳를 떼기 시작하는 날。

服藥＝補藥 또는 治療의 目的으로 맨 처음 藥을 먹기 시작하는 날。

療病＝療養에 들어가기 시작하는 날。 또는 疾病治療의 시작。

進入口＝同居人、社員 등을 늘이는 것。(이날 養子女를 들인다)

造醬＝장담그는 것。

播種＝씨뿌리기。

紫白九星(年月日時) 현재는 下元甲子임

• 年·日紫白九星

陽遁＝冬至後 夏至前
陰遁＝夏至後 冬至前

日·年 / 日白 陰陽遁 三元 / 太歲 또는 日辰	年白 一九二四年이후	年白 一九八四年이후	日白 陽遁(冬至) 上元	日白 陽遁(冬至) 中元	日白 陽遁(冬至) 下元	日白 陰遁(夏至) 上元	日白 陰遁(夏至) 中元	日白 陰遁(夏至) 下元
甲子 癸酉 壬午 辛卯 庚子 己酉 戊午	四綠	七赤	一白	七赤	四綠	九紫	三碧	六白
乙丑 甲戌 癸未 壬辰 辛丑 庚戌 己未	三碧	六白	二黑	八白	五黃	八白	二黑	五黃
丙寅 乙亥 甲申 癸巳 壬寅 辛亥 庚申	二黑	五黃	三碧	九紫	六白	七赤	一白	四綠
丁卯 丙子 乙亥 甲午 癸卯 壬子 辛酉	一白	四綠	四綠	一白	七赤	六白	九紫	三碧
戊辰 丁丑 丙戌 乙未 甲辰 癸丑 壬戌	九紫	三碧	五黃	二黑	八白	五黃	八白	二黑
己巳 戊寅 丁亥 丙申 乙巳 甲寅 癸亥	八白	二黑	六白	三碧	九紫	四綠	七赤	一白
庚午 己卯 戊子 丁酉 丙午 乙卯	七赤	一白	七赤	四綠	一白	三碧	六白	九紫
辛未 庚辰 己丑 戊戌 丁未 丙辰	六白	九紫	八白	五黃	二黑	二黑	五黃	八白
壬申 辛巳 庚寅 己亥 戊申 丁巳	五黃	八白	九紫	六白	三碧	一白	四綠	七赤

• 月紫白九星表

年支 / 月別	子午卯酉年	辰戌丑未年	寅申巳亥年
正月 十月	八白	五黃	二黑
二月 十一月	七赤	四綠	一白
三月 十二月	六白	三碧	九紫
四月	五黃	二黑	八白
五月	四綠	一白	七赤
六月	三碧	九紫	六白
七月	二黑	八白	五黃
八月	一白	七赤	四綠
九月	九紫	六白	三碧

• 時紫白九星表

甲己子午卯酉日부터 五日間 上元
甲己寅申巳亥日부터 〃 中元
甲己辰戌丑未日부터 〃 下元

月間 甲己日—甲子時 乙庚日—丙子時 丙辛日—戊子時 丁壬日—庚子時 戊癸日—壬子時 부터 시작

日辰	甲辰 乙巳 丙午 丁未 戊申 己未 庚申 辛酉 壬戌 癸亥	甲戌 乙亥 丙子 丁丑 戊寅 己丑 庚寅 辛卯 壬辰 癸巳	己亥 庚子 辛丑 壬寅 癸卯 甲寅 乙卯 丙辰 丁巳 戊午	己巳 庚午 辛未 壬申 癸酉 甲申 乙酉 丙戌 丁亥 戊子	甲午 乙未 丙申 丁酉 戊戌 己酉 庚戌 辛亥 壬子 癸丑	甲子 乙丑 丙寅 丁卯 戊辰 己卯 庚辰 辛巳 壬午 癸未
陰陽遁	陰	陽	陰	陽	陰	陽
戊午 己酉 庚子 辛卯 壬午 癸酉 甲子	六白	四綠	三碧	七赤	九紫	一白
己未 庚戌 辛丑 壬辰 癸未 甲戌 乙丑	五黃	五黃	二黑	八白	八白	二黑
庚申 辛亥 壬寅 癸巳 甲申 乙亥 丙寅	四綠	六白	一白	九紫	七赤	三碧
辛酉 壬子 癸卯 甲午 乙酉 丙子 丁卯	三碧	七赤	九紫	一白	六白	四綠
壬戌 癸丑 甲辰 乙未 丙戌 丁丑 戊辰	二黑	八白	八白	二黑	五黃	五黃
癸亥 甲寅 乙巳 丙申 丁亥 戊寅 己巳	一白	九紫	七赤	三碧	四綠	六白
乙卯 丙午 丁酉 戊子 己卯 庚午	九紫	一白	六白	四綠	三碧	七赤
丙辰 丁未 戊戌 己丑 庚辰 辛未	八白	二黑	五黃	五黃	二黑	八白
丁巳 戊申 己亥 庚寅 辛巳 壬申	七赤	三碧	四綠	六白	一白	九紫

庚寅年年齡對照表

西紀 二〇一〇年
檀紀 四三四三年

西紀	檀紀	韓國	中國	日本	干支	年齡
一九一一	四二四四		光緒三年	明治四四年	辛亥	一百歲
一九一二	四二四五		中華元年	大正元年	壬子	九十九歲
一九一三	四二四六		二年	二年	癸丑	九十八歲
一九一四	四二四七		三年	三年	甲寅	九十七歲
一九一五	四二四八		四年	四年	乙卯	九十六歲
一九一六	四二四九		五年	五年	丙辰	九十五歲
一九一七	四二五〇		六年	六年	丁巳	九十四歲
一九一八	四二五一		七年	七年	戊午	九十三歲
一九一九	四二五二	民國元年	八年	八年	己未	九十二歲
一九二〇	四二五三	二年	九年	九年	庚申	九十一歲
一九二一	四二五四	三年	一〇年	一〇年	辛酉	九十歲
一九二二	四二五五	四年	一一年	一一年	壬戌	八十九歲
一九二三	四二五六	五年	一二年	一二年	癸亥	八十八歲
一九二四	四二五七	六年	一三年	一三年	甲子	八十七歲
一九二五	四二五八	七年	一四年	一四年	乙丑	八十六歲
一九二六	四二五九	八年	一五年	昭和元年	丙寅	八十五歲
一九二七	四二六〇	九年	一六年	二年	丁卯	八十四歲
一九二八	四二六一	一〇年	一七年	三年	戊辰	八十三歲
一九二九	四二六二	一一年	一八年	四年	己巳	八十二歲
一九三〇	四二六三	一二年	一九年	五年	庚午	八十一歲
一九三一	四二六四	一三年	二〇年	六年	辛未	八十歲
一九三二	四二六五	一四年	二一年	七年	壬申	七十九歲
一九三三	四二六六	一五年	二二年	八年	癸酉	七十八歲
一九三四	四二六七	一六年	二三年	九年	甲戌	七十七歲
一九三五	四二六八	一七年	二四年	一〇年	乙亥	七十六歲
一九三六	四二六九	一八年	二五年	一一年	丙子	七十五歲
一九三七	四二七〇	一九年	二六年	一二年	丁丑	七十四歲
一九三八	四二七一	二〇年	二七年	一三年	戊寅	七十三歲
一九三九	四二七二	二一年	二八年	一四年	己卯	七十二歲
一九四〇	四二七三	二二年	二九年	一五年	庚辰	七十一歲
一九四一	四二七四	二三年	三〇年	一六年	辛巳	七十歲
一九四二	四二七五	二四年	三一年	一七年	壬午	六十九歲

西紀	檀紀	韓國	中國	日本	干支	年齡
一九四三	四二七六	民國二五年	中華三二年	昭和一八年	癸未	六十八歲
一九四四	四二七七	二六年	三三年	一九年	甲申	六十七歲
一九四五	四二七八	二七年	三四年	二〇年	乙酉	六十六歲
一九四六	四二七九	二八年	三五年	二一年	丙戌	六十五歲
一九四七	四二八〇	二九年	三六年	二二年	丁亥	六十四歲
一九四八	四二八一	三〇年	三七年	二三年	戊子	六十三歲
一九四九	四二八二	三一年	三八年	二四年	己丑	六十二歲
一九五〇	四二八三	三二年	三九年	二五年	庚寅	六十一歲
一九五一	四二八四	三三年	四〇年	二六年	辛卯	六十歲
一九五二	四二八五	三四年	四一年	二七年	壬辰	五十九歲
一九五三	四二八六	三五年	四二年	二八年	癸巳	五十八歲
一九五四	四二八七	三六年	四三年	二九年	甲午	五十七歲
一九五五	四二八八	三七年	四四年	三〇年	乙未	五十六歲
一九五六	四二八九	三八年	四五年	三一年	丙申	五十五歲
一九五七	四二九〇	三九年	四六年	三二年	丁酉	五十四歲
一九五八	四二九一	四〇年	四七年	三三年	戊戌	五十三歲
一九五九	四二九二	四一年	四八年	三四年	己亥	五十二歲
一九六〇	四二九三	四二年	四九年	三五年	庚子	五十一歲
一九六一	四二九四	四三年	五〇年	三六年	辛丑	五十歲
一九六二	四二九五	四四年	五一年	三七年	壬寅	四十九歲
一九六三	四二九六	四五年	五二年	三八年	癸卯	四十八歲
一九六四	四二九七	四六年	五三年	三九年	甲辰	四十七歲
一九六五	四二九八	四七年	五四年	四〇年	乙巳	四十六歲
一九六六	四二九九	四八年	五五年	四一年	丙午	四十五歲
一九六七	四三〇〇	四九年	五六年	四二年	丁未	四十四歲
一九六八	四三〇一	五〇年	五七年	四三年	戊申	四十三歲
一九六九	四三〇二	五一年	五八年	四四年	己酉	四十二歲
一九七〇	四三〇三	五二年	五九年	四五年	庚戌	四十一歲
一九七一	四三〇四	五三年	六〇年	四六年	辛亥	四十歲
一九七二	四三〇五	五四年	六一年	四七年	壬子	三十九歲
一九七三	四三〇六	五五年	六二年	四八年	癸丑	三十八歲
一九七四	四三〇七	五六年	六三年	四九年	甲寅	三十七歲
一九七五	四三〇八	五七年	六四年	五〇年	乙卯	三十六歲
一九七六	四三〇九	五八年	六五年	五一年	丙辰	三十五歲

西紀	檀紀	韓國	中國	日本	干支	年齡
一九七七	四三一〇	民國五九年	中華六六年	昭和五二年	丁巳	三十四歲
一九七八	四三一一	六〇年	六七年	五三年	戊午	三十三歲
一九七九	四三一二	六一年	六八年	五四年	己未	三十二歲
一九八〇	四三一三	六二年	六九年	五五年	庚申	三十一歲
一九八一	四三一四	六三年	七〇年	五六年	辛酉	三十歲
一九八二	四三一五	六四年	七一年	五七年	壬戌	二十九歲
一九八三	四三一六	六五年	七二年	五八年	癸亥	二十八歲
一九八四	四三一七	六六年	七三年	五九年	甲子	二十七歲
一九八五	四三一八	六七年	七四年	六〇年	乙丑	二十六歲
一九八六	四三一九	六八年	七五年	六一年	丙寅	二十五歲
一九八七	四三二〇	六九年	七六年	六二年	丁卯	二十四歲
一九八八	四三二一	七〇年	七七年	六三年	戊辰	二十三歲
一九八九	四三二二	七一年	七八年	平成元年	己巳	二十二歲
一九九〇	四三二三	七二年	七九年	二年	庚午	二十一歲
一九九一	四三二四	七三年	八〇年	三年	辛未	二十歲
一九九二	四三二五	七四年	八一年	四年	壬申	十九歲
一九九三	四三二六	七五年	八二年	五年	癸酉	十八歲
一九九四	四三二七	七六年	八三年	六年	甲戌	十七歲
一九九五	四三二八	七七年	八四年	七年	乙亥	十六歲
一九九六	四三二九	七八年	八五年	八年	丙子	十五歲
一九九七	四三三〇	七九年	八六年	九年	丁丑	十四歲
一九九八	四三三一	八〇年	八七年	一〇年	戊寅	十三歲
一九九九	四三三二	八一年	八八年	一一年	己卯	十二歲
二〇〇〇	四三三三	八二年	八九年	一二年	庚辰	十一歲
二〇〇一	四三三四	八三年	九〇年	一三年	辛巳	十歲
二〇〇二	四三三五	八四年	九一年	一四年	壬午	九歲
二〇〇三	四三三六	八五年	九二年	一五年	癸未	八歲
二〇〇四	四三三七	八六年	九三年	一六年	甲申	七歲
二〇〇五	四三三八	八七年	九四年	一七年	乙酉	六歲
二〇〇六	四三三九	八八年	九五年	一八年	丙戌	五歲
二〇〇七	四三四〇	八九年	九六年	一九年	丁亥	四歲
二〇〇八	四三四一	九〇年	九七年	二〇年	戊子	三歲
二〇〇九	四三四二	九一年	九八年	二一年	己丑	二歲
二〇一〇	四三四三	九二年	九九年	二二年	庚寅	一歲

庚寅年 神方位圖

太歲 庚寅年(松栢木)

子 北 大將軍 三殺 辰 子 喪門 吊客

● 年神方位의 神殺解釋

三殺・坐殺＝이 坐를 놓고 建築하지 않는다。 또는 三殺方에 집을 짓거나 動土・墓도 쓰지 않는다。 그리고 이 坐의 墓는 쓰지 않으며 立石莎草(修墳) 등도 하지 않는다。

向殺＝家屋 따위나 墓의 向을 놓지 않는다。

大將軍＝이 方位에서 動土・修屋・工作・建築・築墻・穿井 등을 아니한다。

正陰符＝이에 해당되는 家屋이나 方位에 建築・修家・動土를 忌한다。

傍陰符＝安葬・修墓 등 墓 쓰고 고치는 데 忌한다(陽宅은 不忌)。

太歲・蠶室・蠶官・蠶命＝建築하고 집 고치고 動土・立向에 忌한다。

歲破＝建築 및 墓坐에 忌한다。 歲破坐를 안놓고 이 方位에 動土 등을 忌한다。

大耗・小耗＝家屋 및 倉庫를 짓거나 修理를 아니한다。

朱雀＝建物의 向을 피하고 또 이 方位에 動土・建築을 아니한다。

諸 官符・山家困龍・金神＝建築・動土・修家 및 葬埋・修墳을 忌한다。

灸退・浮天空亡・喪門・弔客・白虎＝이 方位에 動土・建屋・修家를 忌。

三災入命

申・子・辰生

(원숭이・쥐・용띠)

庚寅年 大韓民曆

定價 四、三〇〇원

二〇〇九年 十月 二十五日 印刷
二〇〇九年 十月 三十日 發行

原著者 金 赫 濟
編輯兼發行人 金 東 求
發行處 明 文 堂
(一九二三年 十月 一日 創立)

서울特別市 鍾路區 安國洞 一七－八
郵遞局 〇一〇五七九－〇一－〇〇〇〇六八二
電話(七三三)三〇三九・(七三四)四七九八
FAX(七三四)九二〇九
登錄 第一－一四八(一九七七・十一・一九)

各周堂法

移徙日周堂圖

● 移徙日의 周堂보는 法

大月에는 從安向利하여 順數하고 小月에는 從天向利하여 逆數하나니라 安利天富師는 吉하니 可用하라

新行日周堂圖

● 新行日의 周堂보는 法

大月에는 從竈向堂하여 順數하고 小月에는 從廚向路하여 逆數하나니라 白虎之死睡廚竈를 可用하라

婚姻日周堂圖

● 婚姻日의 周堂보는 法

大月에는 夫로부터 順數하고 小月에는 婦로부터 逆數하여 第堂廚竈日을 擇할지며 萬一 翁姑에 當할지라도 翁姑 無한 者는 이를 써도 無妨함

安葬日周堂圖

● 安葬日의 周堂보는 法

大月에는 從父向男順數하고 小月에는 從母向女逆數하라 若當死人則吉하고 若當人則 出外少避하면 吉하나니라

四季長短

春節 九十日
夏節 九十四日
秋節 九十二日
冬節 八十九日

潮水時間

三兎三龍水
三巳一馬時
羊三猿亦二
月黑復如是

西紀 2010年
檀紀 4343年

庚寅年 松亭 土亭秘訣 作卦 早見表(경인년 송정 토정비결 작괘 조견표)

太歲(上卦)

年齡	庚寅 一세	己丑 二세	戊子 三세	丁亥 四세	丙戌 五세	乙酉 六세	甲申 七세	癸未 八세	壬午 九세	辛巳 十세	庚辰 一一	己卯 一二	戊寅 一三	丁丑 一四	丙子 一五	乙亥 一六	甲戌 一七	癸酉 一八	壬申 一九	辛未 二○
太歲	3	4	5	6	7	8	1	2	3	4	5	6	7	8	1	2	3	4	5	6
年齡	庚午 二一	己巳 二二	戊辰 二三	丁卯 二四	丙寅 二五	乙丑 二六	甲子 二七	癸亥 二八	壬戌 二九	辛酉 三○	庚申 三一	己未 三二	戊午 三三	丁巳 三四	丙辰 三五	乙卯 三六	甲寅 三七	癸丑 三八	壬子 三九	辛亥 四○
太歲	7	8	1	2	3	4	5	6	7	8	1	2	3	4	5	6	7	8	1	2
年齡	庚戌 四一	己酉 四二	戊申 四三	丁未 四四	丙午 四五	乙巳 四六	甲辰 四七	癸卯 四八	壬寅 四九	辛丑 五○	庚子 五一	己亥 五二	戊戌 五三	丁酉 五四	丙申 五五	乙未 五六	甲午 五七	癸巳 五八	壬辰 五九	辛卯 六○
太歲	3	4	5	6	7	8	1	2	3	4	5	6	7	8	1	2	3	4	5	6
年齡	庚寅 六一	己丑 六二	戊子 六三	丁亥 六四	丙戌 六五	乙酉 六六	甲申 六七	癸未 六八	壬午 六九	辛巳 七○	庚辰 七一	己卯 七二	戊寅 七三	丁丑 七四	丙子 七五	乙亥 七六	甲戌 七七	癸酉 七八	壬申 七九	辛未 八○
太歲	7	8	1	2	3	4	5	6	7	8	1	2	3	4	5	6	7	8	1	2
年齡	庚午 八一	己巳 八二	戊辰 八三	丁卯 八四	丙寅 八五	乙丑 八六	甲子 八七	癸亥 八八	壬戌 八九	辛酉 九○	庚申 九一	己未 九二	戊午 九三	丁巳 九四	丙辰 九五	乙卯 九六	甲寅 九七	癸丑 九八	壬子 九九	辛亥 一○○
太歲	3	4	5	6	7	8	1	2	3	4	5	6	7	8	1	2	3	4	5	6

月建(中卦)

月別	戊寅 正月大	己卯 二月小	庚辰 三月大	辛巳 四月小	壬午 五月大	癸未 六月小	甲申 七月小	乙酉 八月大	丙戌 九月小	丁亥 十月大	戊子 十一月小	己丑 十二月大
月建	6	2	1	4	3	6	3	2	5	4	1	5

日辰(下卦)

月別	初日 日辰	初一日	初二日	初三日	初四日	初五日	初六日	初七日	初八日	初九日	初十日	十一日	十二日	十三日	十四日	十五日	十六日	十七日	十八日	十九日	二十日	二一日	二二日	二三日	二四日	二五日	二六日	二七日	二八日	二九日	三十日
正月大	乙未	2	1	1	2	2	2	1	1	1	3	2	2	3	2	1	2	3	3	2	1	1	1	3	3	3	2	2	3	1	3
二月小	乙丑	2	2	2	2	3	3	1	3	3	3	1	1	3	3	2	2	1	1	2	3	3	1	2	2	3	3	3	3	2	1
三月大	甲午	2	3	2	2	3	3	3	2	2	2	1	3	3	1	3	2	3	1	1	3	2	2	2	1	1	1	3	3	1	2
四月小	甲子	1	3	3	3	3	1	1	2	1	1	1	2	2	1	1	3	3	2	2	3	1	1	2	3	3	1	1	1	1	3
五月大	癸巳	1	3	1	3	3	1	1	1	3	3	3	2	1	1	2	1	3	1	2	2	1	3	3	3	2	2	2	1	1	2
六月小	癸亥	3	2	1	1	1	1	2	2	3	2	2	2	3	3	2	2	1	1	3	3	1	2	2	3	1	1	2	2	2	2
七月小	壬辰	3	2	1	2	1	1	2	2	2	1	1	1	3	2	2	3	2	1	2	3	3	2	1	1	1	3	3	3	2	2
八月大	辛酉	3	1	2	1	3	3	3	3	1	1	2	1	1	1	2	2	1	1	3	3	2	2	3	1	1	2	3	3	1	1
九月小	辛卯	1	1	3	2	3	2	2	3	3	3	2	2	2	1	3	3	1	3	2	3	1	1	3	2	2	2	1	1	1	3
十月大	庚申	1	1	2	3	2	1	1	1	1	2	2	3	2	2	2	3	3	2	2	1	1	3	3	1	2	2	3	1	1	2
十一月小	庚寅	2	2	2	1	3	1	3	3	1	1	1	3	3	3	2	1	1	2	1	3	1	2	2	1	3	3	3	2	2	2
十二月大	己未	3	2	2	3	1	3	2	2	2	2	3	3	1	3	3	3	1	1	3	3	2	2	1	1	2	3	3	1	2	2
음력생일자		1	2	3	4	5	6	7	8	9	10	11	12	13	14	15	16	17	18	19	20	21	22	23	24	25	26	27	28	29	30

五行屬姓

金姓=徐黃韓成南柳申安郭盧裵文王元梁方杜河白楊片慶蔣晋邵班陰張

木姓=金朴趙崔兪洪曺劉高孔車康廉朱陸董虞周延秋固鼎簡火

水姓=吳呂禹奇許蘇馬魯乜余千孟卞卜尙魚庚龍牟毛南宮皇甫鮮于東方皐梅

火姓=李尹鄭姜蔡羅愼辛丁全邊池石陳吉玉卓鄧薛咸具秦唐宣段

土姓=宋權閔任林嚴孫皮丘都田沈奉明甘玄睦仇童貢陶牛冉

이 五行屬姓은 本 土亭秘訣 내용 중에 稱하는 姓氏(木姓·土星 등)에 적용된다。

송정 토정비결 작괘 조견표

Homepage : www.myungmundang.net
E-mail : mmdbook1@kornet.net

9 788972 709343
13140
ISBN 978-89-7270-934-3